ぼくとジムランの酒とバラの日々

ドラム殺人事件

二八年も前の話だからもう時効だが、その頃、早稲田の〝音楽長屋〟で「ドラム殺人事件」というのがあった。

〝音楽長屋〟というのは、文学部の記念体育館の裏に建っている、戦時中の兵舎みたいな木造平屋の一軒家のことで、このボロ家には、ニューオリンズから交響楽団まで、早稲田大学の公認音楽団体の全てが同居していた。だから、〝音楽長屋〟は見かけとはウラハラに華やかなワセダの音楽文化を支えてきた、いわば中枢といって差し支えのないレッキとしたものなのだが、差し支えたのは近所の住民だ。

〝音楽長屋〟の先は道ひとつへだてて、そこはもう早稲田大学の敷地ではなく、戸山ハイツにつながる平和な一般住宅地だ。一般住宅には病人もいる。

ある日、病人の一人が夜な夜な〝音楽長屋〟の窓からもれてくるドラムの音を苦に息をひきとった。そういえば、バンドの練習が終わっても下宿に帰らず、毎晩遅くまで長屋に居残ってドラムを叩く者が、確かに一人いた。

遺族がそのことをドラマーに告げに、わざわざ長屋に夜やって来たのだが、死因はあくまでドラムの音ということだった。

事件を重く見た当局は早速〝音楽長屋〟の窓という窓を全部ぶ厚い吸音材入りの板でふさいでしまった。今も〝音楽長屋〟の練習場に窓がひとつもないのはそのためだ。

ドラマーの所属していたビッグバンドのハイソサエティー・オーケストラは、当然ながらスペースに対して人数が多すぎたため、今度はハイソ側に猛暑、酸欠による失神、発狂等のギセイ者が多発し、当局が遅まきながら〝音楽長屋〟全室にクーラーを取りつける気になった頃には、ハイソの人間はほとんど手遅れの状態となっていた。

そして、この命懸けの練習が物をいったのか、大橋巨泉《おおはしきょせん》の司会するＴＢＳラジオの「全国大学対抗バンド合戦」にハイソは一九六六年から六八年まで三年連続全国優勝して、いいものは必ずしもいい環境から生まれるとは限らないこと、栄光の陰にはああいった悲惨な事件はつきものであるということを証明した。

事件のドラマーは、ハイソを卒業したあと、先輩に当たる「チャーリー石黒と東京パンチョス」にひき抜かれて、しばらくは赤坂のキャバレーやテレビの歌謡ショーに出ていたが、その後、東京から行方をくらました。

なんでも、ドラマーは目立つから足を洗い、地味なジャズ喫茶のマスターとしてひっそりと〝時効〟を待ったが、時効が過ぎた頃には他につぶしがきかなくなり、どうもそのままズルズルになってしまったようだ。

ただ、今度は「スピーカー殺人事件」を警戒して、そのジャズ喫茶には最初から窓がひとつもないのだという――。

目次

CHAPTER.III

CHAPTER.IV

CHAPTER.V

PROLOGUE

ぼくは、〝ジャズ喫茶のマスター〟ではあるが、本当は、根っからの〝オーディオマニア〟である。

〝オーディオマニア〟は〝オーディオマニア〟のやっていることや、考えそうなことはだいたいわかっているのだが、そうでない人は〝オーディオマニア〟というものがいったい何をやっているのか、何を考えているのかがほとんどわからない。

せいぜいキカイいじりの好きな人種、ぐらいに思って片づけているのがオチだろう。

そう思われても仕方のない面も当方にないわけではないが、しかし、である。

実際に〝オーディオマニア〟の誰か一人の頭の中を割って覗いてみると、意外にも、思ったより構造がずっと複雑なことに驚くだろう。

驚かなくてもいいが、複雑な証拠に、往々にして彼らの表情には困った顔が多く、いつまで経っても容易に晴れ晴れとはしない。

ところで、これから随所に登場する「ジムラン」とは、ジム・ランシングのことで、渡辺貞夫《わたなべさだお》さんを「ナベサダ」、日野皓正《ひのてるまさ》さんを「ヒノテル」と呼ぶのと同様、もともとは人の名前だ。

ジム・ランシングは、本当は、ジェームス・B・ランシングといい、英語で書くと〝James

B. Lansing〃となり、その頭文字をとるとなんだ、あの世界一有名なアメリカのスピーカー「JBL」のことか!! と納得がいく。

いってもらわないと困る。

「JBL」の創始者であるジム・ランシングは〃スピーカー作り〃の希代の天才エンジニアであったが、一九四九年（昭和二四年）にナゾの自殺を遂げており、天才の死はいまだナゾのままだ。

そして、「JBL」のことを、ムカシの人はよく「ジムラン」と呼んだ。

この本の内容は、ほとんどが、オーディオ専門誌の『ステレオサウンド』誌に連載されたものであるために、随所に〃オーディオマニア〃にしか通じない、例えば、キカイの型番等が、さも重大事の如くたびたび登場してきて、そうでない人を困らせると思うが、気にしないで先を急いでいただきたい。

急いだ先にも何も待ってはいないが、そもそも〈音〉は消えてなくなるものであるから仕方がない。

オーディオでいうところの〈音〉は、証拠となる記録を残すことはできないが、記憶は残る。ジャズ喫茶をいいことに、〈音〉に明け暮れたぼくが、その途中で出合った〈音〉にまつわる出来事の数々が、ここには、だから、ただ前後の脈絡もなく語られているだけだが、想い出と共に、その時々の〈音〉はぼくの脳裏に鮮明だ。

日本を心から愛してくれた、今は亡きカウント・ベイシーをはじめ、〈音〉に命を懸けた幾多の先人に敬意を表して。

[CHAPTER.1]

1 一枚のレコード

その頃、ぼくは病み上がりの〝三浪〟というレッキとした身の上で、東京・西武新宿線沿線の沼袋にアパートを借りて、早稲田大学大隈《おおくま》講堂トナリにあった某有名予備校に通っていた。

沼袋の駅からゆるい坂道を商店街に沿ってのぼって行くと、右手に一軒の中古レコード専門店があり、安いという理由で、ぼくは当時この店でよくレコードを仕入れていた。

マイルス・デイビスの『サムデイ・マイ・プリンス・ウィル・カム』、ウィントン・ケリーの『ケリー・ブルー』、デューク・エリントンのRCA盤の二枚組なども、当時その店で手に入れたもので、今でもほとんど持っている。

その日、ぼくはいつものように新宿のジャズ喫茶「ディグ」などには寄らずに、予備校からストレートに沼袋に帰って来たのだろう。

レコード店がまだ開いていたのでフラリと立ち寄ってみた。

箱の中から、カウント・ベイシーのレコードが一枚出てきたのだが、『ベイシー・イン・ロンドン』というそのモノーラル盤は、ジャケットの隅に丸い穴の開いた、もちろん〝バーゲン盤〟だったので、ぼくはその場でポンと現金《キャッシュ》で買って、すぐ先の八百屋の角を左に入ったアパートに持ち帰った。

〃ステレオ装置〃というものは、高価なものでなければ感動できない、ともし思っている人がいたら、それは大違いだ。

ついでながら、レコードというものもプレスされて袋詰めにされた段階では、それがどんな音がするものなのか、実のところ誰も知らないはずなのだ。

演奏者はもちろん、制作者も、それを袋に詰めたオバさんも、だいたいのところは知っているつもりだが、本当のところはわからない。

それは〃完璧な再生装置〃というものが、レコード会社にも、この世にも、ないからに他ならない。

つまりレコードの〈音〉というものは、それを持った人のものなのだ。

そして、レコードの演奏に、より積極的に参加したがるタイプが、えてして〃オーディオマニア〃に走りやすい、ともいえる。

その時、ぼくのアパートにあったステレオ装置は、一関一高時代に田舎で愛用していた真空管ラジオを二つ並べただけの、高価というよりはタダ同然といったシロモノであった。

ただいま買ってきたばかりの『ベイシー・イン・ロンドン』をぼくはそのステレオ装置で早速聴いた。

ぼくがもし立って聴いておれば、後ろにぶっ倒れて厚からぬカベを破損したかもしれない。

幸いはじめからタタミの上に這いつくばって聴いていたからその心配はなかったものの、感動のあまり、眼ガシラが熱くなって、身体が震えた。

それまで不明瞭だった〝自分の世界〟にやっと出合った喜びに、ぼくは感動したのだ。

カウント・ベイシーから、わけもわからぬ〝ヤル気〟を授かった病み上がりの〝三浪〟青年は、この日を境に明らかに変容を遂げた。

恩人のカウント・ベイシーとは、のちにズルズルの関係にまで持ち込むのであるが、早い話、ぼくの〝人生〟は、あの時、六畳ひと間のアパートの中で決まったようなもので、時間にして三〇分、おカネにして、たったの六〇〇円であった。

[CHAPTER.II]

2 ベイシー・サウンドの夜明け

「ベイシー」のスピーカーシステムが現在のような形になったのは、二〇年ほど前のことで、その前は、タテ型のエンクロージュアにJBLのD130と175DLHが入っていた。その頃の音を憶えている人は今でも結構いて、「あの頃の音は凄かったですねエ！」などと、まるで今が駄目みたいないい方をするのだ。つい先日も仙台の「カウント」のマスターの福原《ふくはら》さんにいわれたばかりだ。

彼はけしからんことに、カウント・ベイシーのレコードをぼくよりも持っているのだが、彼にいわせれば、当時の「ベイシー」の音は自分の人生を変えさせるくらい凄かったらしい。

事実、彼はほとんど毎週のように仙台から自慢のレコードを持って通って来ていたが、一年後にはとうとう自分もジャズ喫茶をやるといい出し、客が一人減ったな……と思いながらも、店の物件を見にぼくも一緒に仙台へ行ったりした。店の名前は「アメリカーナ」にするというので、ぼくが「カウント」を名乗っていいから、といって出来たのが、今の「カウント」だ。

向こうは賢明にもJBLではなく、アルテックにした。マッキントッシュのC22とMC275がドライヴするA7の音は迫力があり、今度はぼくの方がヒンパンに「カウント」に通い出した。ぼくは本当は、隠れ〝A7〟者です。

ムカシの音の方が凄かったのは、だからお互いさまだって。

その頃のD130、175DLHの音はどんなだったかというと、とにかく熱かった!! リー・モーガンのトランペットが特に良かった。つばきが飛んで来た。低音も、本来このスピーカーに出るはずのない領域に及んでいて、アンドレ・プレヴィンの『キング・サイズ』などというレコードは、コンテンポラリー録音の凄さをまざまざと見せつけていた。

その頃ぼくはカートリッジはオルトフォンSPU-G/TEに頼っていたが、このカートリッジが弱いところをすべてカバーしてくれていたようだ。しばらく経って件《くだん》の「カウント」のマスターが持参したシュアーのV15をテストしてみたことがある。ぼくは、V15のしなやかで腰の強い低音にすっかりシビれ、これが数年後にぼくが生涯のカートリッジともいえるV15/TYPEⅢに走る前兆となった。

D130と175DLHが納まっていたそのエンクロージュアであるが、あれは、「ベイシー」開業の前日の夜中までかかってぼくが自分で作った。時間が足りなかったので、細かい調整は、取りあえずオープンしてから営業中に行なった。この大雑把さがいい。あまり最初からキッチリと作ってしまうと、いざフタを開けて駄目だった場合どうにもならなくなるから、いい加減、未完成のままスタートした方がいいのだ。コンサートホールなどの設計も、そうした方がよろしいかと思うのに……。

オープンしたその日にぼくは、二階で寝ていた布団を下ろしてきて箱の中にぶち込んだし、また数日後には店内に立っている柱を（！）ノコギリで切り倒し、スピーカーの中につっかい棒として、これもぶち込んだ。

音を聴いていると、スピーカーがぼくに何をしてほしいのか合図を送ってくるのだ。こういう時にはスピーカーがむずがゆい顔をしているように、ぼくには見える。

ＪＢＬともあろう大それたスピーカーユニットを使うのに、何故、エンクロージュアだけ自分で作ったのかという質問に答えたい。「箱を買う金がなかったから」というのは表向きで、実はもっと深い意味があったのだ。

メーカーサイドに立ってものを考えれば明白なことだが、「物には限度、風呂には温度」といって、箱の大きさと目方には商売上おのずと限度あるいは制限、というものがあるだろう。大きく作ったら材料代のほかに倉庫代はあがる、重くすりゃあ船が沈むで、むやみやたらと大きくて重い物を作るわけにはいかないはずなのだ。

「作りたいけど作れない」ぼくはソコに目をつけたのだ。ご存じのように、Ｄ１３０のようなfo（最低共振周波数）のあまり低くない、高能率型のウーファーは小さい箱に入れたのでは低音が出ない。出てもせいぜい腹にドスン！　とくるくらいで、足元にグラッとくるまではとても無理である。

かといって、小さい箱で済む最初からfoを低くとってある低能率型のウーファーは、カタログだけ見ている分にはいいが、いざ実戦となると、トロくて足手まといだ。カウント・ベイシー・オーケストラの音は引きが速い！　ソニー・ペインのグレッチのバスドラムの音色と速さ、バディ・リッチの時速二〇〇キロメートル（！）を越す連打についていけるウーファーが、この世にいったい何種類あるのかという問題。で、ぼくは背に腹は代えられないという論法で、本来低音が出ないはずの高能率型ウーファーに、なんとしても出してもらおうじゃないか！と無理難題を押しつけるのだ。

大きい箱には欠点も多い。板の面積が広くなるから補強が難しい。形状を間違うとちっとも低音が出ず、図体が大きいだけ馬鹿馬鹿しく見える。自分の居場所がなくなる、等々数えあげたらハナから止めたくなる。

ウーファーの身になって考えると、エンクロージュアの一番の問題は、コーン紙の裏側に気持ちのいい空気の背圧がかかるかどうかということだと思うのだが、極端に狭い密室などを想定した場合、コーン紙にかかる〝前圧〟だって無視できないはずで、一度、自分がエンクロージュアの中に入って、バッフルの穴から自分の部屋を半日じっと眺めてみてはどうか。

箱作りなんて怖くない、と口ずさんでノコギリ、カナヅチをふり廻すのは、ぼくがエンクロージュアの原理をこのようにかなり原始的にとらえているからなんだろう。

本当はもっと恐ろしいことがからんでいるらしいのはウスウス感づいているのだが、知らんふりをするのも、のちに〝達人〟といわれる人に多いタイプだ。

それで、その頃みんなに凄い凄いといわれながらも、作った本人はその中味を知っているから、（あの中に入っている布団なア……）などと少なからずやましい気持ちを拭いきれないでいた。

3　テキサス・スタイルの岩崎さん

「ベイシー」も開店二年目の春を迎えようとしていた。

ぼくは、D130の音質、性格をそのまま残して、もっと低音の量感がほしいなア……と街を歩きながらも毎日考えていた。今だからいうが、ここだけの話、ぼくは仕方なくエンクロージュアを自分で作ったのだ。

「ナンダ、話が違う」

本当は、当時JBLのC55が欲しいと思っていた。C55というのは、D130とほとんど同じウーファー130Bを二発バックロードホーンにマウントし、〝三ツ目〟の位置に、175DLHを取りつけたもので、いわば、ハークネスの兄貴分みたいな奴だ。ぼくはハークネスも大好きで、今ではなつかしい岩崎《いわさき》千明《ちあき》さん（オーディオ評論家）のお宅でも聴かせてもらったことがある。

岩崎千明さんの名前を出して、このまま話を次に進めるわけにはいかない。

ぼくは、「ベイシー」を始める前にD130を自室で使い込んでいたのだが、それはハッキリ、岩崎千明さんの影響だった。

そこから後のことは全部自分で考えたのだが、最初のD130一発だけは、岩崎さんのおかげだ。

岩崎千明さんのＪＢＬにかけた情熱は素晴らしく、中でもＤ１３０にはトコトン惚れ込んでいらっしゃった。

これは誰だって認めていることだが、日本にジム・ランシングの名前を広めたのは岩崎さんの情熱だ。

ジャズが好きだった岩崎さんは、東京・中野にその名も「ジャズ・オーディオ」というジャズ喫茶を開いた。奇《く》しくも、ぼくが「ベイシー」を始めた時期とほとんど同時であった。

ぼくは上京の折、岩崎さんの店を訪ねた。ほとんど、ハークネスといっていいスピーカーシステムであったが、中・高音のエネルギーが火を吹いていた。

バディ・リッチの「マーシー・マーシー・マーシー」で、ブラスのアンサンブルとリッチのリム・ショットが重なった時、ぼくは顔面に生玉子を思い切りぶつけられたような強烈なパンチを喰らった。ぼくは「ヒュー ッ」となったが、うるさいのを通り越して快感の域に達していた。脳ミソがクラクラして気持ちがいいのだ‼

その後何年かして武蔵野の岩崎さんのお宅へお邪魔したことがあるが、木立に囲まれた古い方の家から、新しい家へ半分引っ越しの最中であった。足の踏み場もないほどのオーディオ機材やレコードが散らばっていたが、片っぱしから聴かせていただいた。ハークネス、パラゴン……、パラゴンはあまりのボリュームに両手をついて這って歩き出すのではないかと思った。

新しい方の家にはハーツフィールドとエレクトロボイスのパトリシアン６００がすでに運び込

まれていたが、結線はレコードをかけながらしてくれた！

マッキントッシュのレシーバーに線がつながれた時、ショック・ノイズだが、もの凄く足の速い低音がドッとハーツフィールドから吐き出された。一瞬であったが、やはりハーツフィールドというスピーカーは凄い！　とぼくはその時即座に断定した。ハーツフィールドのウーファーは、超高能率型の150‐4Cである。下の階に下りて最後にパトリシアン600を聴かせてもらった。岩崎さんはアルバート・アイラーのレコードをこれまた大音量で鳴らしてくれたが、やがて〈ド・ドド……〉という地震のような振動が床を伝わってきたので、何事かとふり向くと、岩崎さんは演奏中のレコードプレーヤーを持ち上げて、移動しようとしていた⁉

〝オーディオマニア〟にありがちなチマチマしたところがこの人にはまったくなく、〝繊細〟を〝豪快〟でくるんで唐揚げにしたようなタイプで、唯一無二のキャラクターの持ち主であった。

帰りは親切にも吉祥寺までジープのようなもので送っていただいたが、中央線の踏み切りで、列車が見えているのに減速する気配がまったく見られない。もちろん遮断機は下がり始めている。まさか（‼）と思ったが、まさかであった。車の屋根に何かゴツン！　と当たったようであった。ぼくはカメのように首を引っ込めたが、ハンドルを握る岩崎さんはビクリともしないで前方を見ている。もっとも首を引っ込めたくらいでどうなるものでもない。

この時ぼくは岩崎さんを、〝テキサス・スタイルのオーディオマニア〟であると決めつけたのだ。

やがてジープのようなものは無事（？）に吉祥寺駅ウラにたどり着き、岩崎さんはウシロも見ないでバックで歩道に車を半身乗り上げ、何かにゴツン！　と当たったところで停止した。さわやかなアイサツを交わしてぼくたちはそこで別れた。それが岩崎さんとの最後であった。岩崎さんが亡くなったのはそれから間もなくのことであった……。

　ハークネスの兄貴分のC55の話はどうでもよくなった。


とにかく、あのへんは皆ジム・ランシングの名器で、欲しかったが手に入らないので、ぼくは〝箱〟を自分で作った。ということにしておこう。話は二転三転する。


ダブルウーファーの構想を練り出したのはその頃であったが、当時16オームの130Aはほとんど入手不能で、新宿の日活が解体されたらジムランのスピーカーが出てきたとか、そんな情報までこちらはキャッチしていた。

　仕方なしにぼくはD130に130Aをパラッて4オームでやってみたりしたが、ごく短期間のことであった。なんとか、カウント・ベイシー・オーケストラの津波のようにうねりまくるサックス・セクションのアンサンブルをもっと出したい……。

　あんまり考えごとをしながら歩くので、ぼくは電信柱にぶつかることもあったが、そこでパッと名案が浮かぶほど世の中甘くない。

4 375のホーンレンズはトタン屋根!?

2220B登場!

待った甲斐があって、JBLのプロシリーズに2220Bという、まったく130タイプの16オーム型が登場した。

ぼくは変則的ダブルウーファーを実験している間にすでにドライバーを175DLHから375に替えていた。この時ぼくは175DLHが不満で375にしたのでは決してない。175でこんなにいいのだから、最高峰とされる375とはいかばかりか、と思って切り替えたのだ。もちろんトゥイーターの075も一緒で、あとは16オームのウーファーを、と探していた矢先の2220Bの登場であった。

新しく登場した2220Bは見事にぼくの期待に応えてくれた。この時点で、ぼくの設計したスピーカーシステムに必要な道具は全部揃ったことになり、あとは腹をすえてまとめ上げるだけという、まことにもってメデタイ状況が身辺に漂ってきた。一九七三年(昭和四八年)頃のことであった。

375のホーンレンズも、537-500(蜂の巣)を短期間使ったあとで、お目当ての537-512が箱の上で羽を広げていた。とてもスピーカーには見えなかったのだろう、

「あのトタン屋根みたいのなーに？」と著名な芸者さんが指差していった。

375にした時点で「ベイシー」のエンクロージュアは横型になっているのであるが、ホーンレンズの位置をちょうどいいところへ持って来たかったからで、他意はないでもないが、まア、見た目のデザイン的なものもスピーカーシステムに関しては重要な要素だし、第一、眺めた場合のすわりがいいということでカンベンしていただきたい。

横型のエンクロージュアをもう一度作るほど、それにぼくはマメではない。

あれは、立ってたヤツを横にしただけ。

「ナンダ同じ物だったのか‼」

しかし、中に布団などは入っておらず、箱の中も、少なからず立派にしたので今度は安心。

JBLのホーンには豊富なバリエーションがあるけれども、正しく選んでいる人は意外と少ない。あれは、好きとか嫌いで選ぶものではなく、用途別に作られているものだから、使い方によっておのずと限定されてくるものだ。好き嫌いはその範囲内でいっていただきたい。

「ベイシー」のウーファーの位置は、客席にどっぷり座って座高のバラつきを考慮しても、頭のちょっと上あたりにウーファーのセンターキャップが見えるくらいのところに設置してあり、エンクロージュアの天板が床から一六〇センチ。つまり、この高さにホーンが載るわけだから、ウーファーのバッフル面の位置なども考えると、巨大な音響レンズ付きの537-512は恰好のものといえばいえるのだ。しかもこのホーンの指向性パターンは、ホールのステージでは最前列のカブリツキからS席全体を広くカバーするように作られているから、スピーカーのあるところをステージに見立てた場合、まさにおあつらえ、ということになっていて、ぼくはこのホーンにまったく疑問を持たないことにしている。

しかも、この下に向かって折れ曲がった音響レンズは、スピーカー間近で聴く人にはいったん屈折した軟らかい音、遠くに対しては中心部の一番切り込みの深いところから直線性のある「遠くへ行きたい」ような音が放射されるように出来ていて、まったく感心させられる。水平方向の指向性の良さも抜群だ。

しかし、よく出来ているだけに、使うほうも余程の覚悟がないとキケンで、死ぬようなことは頭の上に落とさないかぎりまずないとは思うが、トコトン時間をかけてニラメッコをすることが肝心だろう。

5 音は見るもの

「音楽は見るもの、絵は聴くもの」と古くから申しますが、音が〝見える〟とはどんな気分かと申しますと……、ぼくがひたすら調整という、酒もバラもない日々を送っていたある夜のこと、スピーカーとのニラメッコに疲れたぼくが、店の中で仮眠をとっていたと思っていただきたい。その時突如コルトレーンが夢枕に現れて、ぼくの枕元でサックスを吹いたのだ！

凄い音だった。ビックリしたぼくは慌てて階段をかけ下り、スピーカーに走った。コルトレーンの『クレッセント』をかけながらホーンレンズの両はじに手をのばし、ウーファーとホーンレンズの中心よりやや上、エンクロージュアの木口のあたりに目をこらしながら、わずか数ミリ、ホーンレンズをズラした。夢枕で聴いたコルトレーンがそこにいた。コルトレーンの音がそこにあったのではない。コルトレーンがそこに立っていたのだ!!

ぼくはついに見た!! 音の奥に、コルトレーンの姿を、気配を、ハートを。

呆然として見開いていたぼくの眼は熱くなり、やがて涙でかすんで視界がゼロになったが、なおもすべてのものがぼくには見え続けていた。

写真家の十文字美信《じゅうもんじびしん》さんの書いた本に、『澄み透った闇』（春秋社）という名著がある。

ぼくは、この本を以前に本人からもらって読んだ。これは、写真家の十文字美信さんが物を見るまでのいきさつを執拗につづった、あきれるほど面白い本なのだが、ぼくはプレスティッジのジョン・コルトレーンを聴きながら、ちょうどこの本の最後のクライマックスを迎えたのであったが、すでに音が見えていたぼくは、コルトレーンは迫ってくるわ、著者の圧倒的な文章は迫ってくるわで、近年稀なゾクゾクするような快感に見舞われた。

「ついに見た」とは、もちろんこの本からの引用で、ぼくにそんな気の利いたセリフが吐けるわけがない。そして、この本を読んで、思わず二〇年ばかり前の、あの感動に打ち震えた時の自分を思い出したのであった。

音を本当に見ると、まさにこういう気分になるのだ。オーバーだと思う人がいたら、それは知らない人だ。

6　もっと低音を!!

　ある時気づいた。どうやらぼくは長年愛用した2220B四発全部を乗りつぶしてしまったようだった。エッジはボロボロ、コーン紙はタバコの吸い過ぎで真っ赤に着色されて、叩くとゴツゴツ、と情けない返事だ。

　一生をともにするつもりの相棒に先立たれたような気分になったが、ぼくにも思い当たるフシはある。出るはずのない低音を魔法をかけて出し過ぎたし、しかもそれでも足りず、もっと低音を！　とひっきりなしにムチを打ち続けて一六年余り、誰だってまいるだろう。

　それに、あの一枚のレコードがいけなかった。ハンク・ジョーンズのザ・グレート・ジャズ・トリオ『アット・ザ・ヴィレッジ・ヴァンガード』。レコードを作った伊藤八十八《いとうやそはち》君も録音したデヴィッド・ベイカー氏もことのほか喜んで、来るたびに異常な音量で鳴らした。額は落ちてくるわ、ストーブの火は消えそうになるわ、ジーパンのスソはブルブル震えるわで、店内の空気が振動した。あのトニー・ウィリアムスの24インチのグレッチのバスドラムはこたえたと思う。トニーがまたやけに調子に乗るので、こっちもそれに応えて、ちと調子に乗り過ぎた。

　あの一枚が、ぼくのかけがえのない2220Bのエッジをパアにしたのは疑いの余地もないが、実は、あのウーファーの名誉のために告白しておかねばならないことがひとつある。

ぼくは、あのウーファーを酔客やネズミ、その他の天災から守るために、保護用の金網を前面に張っておいたのだ。そしたら件のレコードのトニー・ウィリアムスのバスドラムに限り、一緒にスピーカーが金網を叩いていたのだ!! もしも、あの〝保護用〟の金網さえなかったら、もしも、「ベイシー」が禁煙喫茶であったなら、あのウーファーは決して壊れるようなシロモノではなかったということを、ぼくは恥を忍んでここにザンゲ致します。


かけがえのないウーファーを傷めたぼくは、このウーファーの負担を少しでも軽くしようと思い、60ヘルツ以下をカットして、スーパーウーファーに受け持たせることにした。スーパーウーファー用のスピーカーユニットはJBLの18インチを二本ずつ、三種類用意した。エンクロージュアは、シンセサイザーのコンサート用に輸入元が特別に作らせたという、設計上20ヘルツ再生可能というものを使ったが、本格的にスーパーウーファーの採用が決まったら、自分で作ろうと思っていた。

結論だけいうと、ベース楽器用の18インチ・フルレンジ(!)E155が残った。2220Bの音色、能率に一番マッチするのは、やはりこの手のウーファーになってしまう。しかしながら、楽器用といえども2220BのようなD130タイプのものに比べるとコーン紙が厚すぎるようだし、コーン紙を手でさすってみた場合の感触が、いまひとつパリッとせず、厚紙をさすっているような感じで、指先で軽く叩いた音も、ぼくの好みからいえば、ちとニブイ。

北九州市小倉に、ぼくの早大ハイソサエティー・オーケストラ時代の同級生で、当時ハイノート・ヒッターだった尾崎君というのが呉服屋をやっているが、やはり楽器用の18インチ・ウーファーを二本どこからか手に入れた。シャクなことにあちらは昔のKシリーズで、ぼくも本当はそっちを使いたかったのだ。いずれ、ちょっと借りて使ってみたいと思っている。良ければ返さなければいい。現に、同じ九州・博多の「バックステージ」というジャズ喫茶のマスター平子君《ひらこ》も同じハイソサエティー・オーケストラの同級生なのだが、彼のところにも、ぼくのとこから行ったまま返ってこないものがある。物というものは、このように、より気に入った奴のものになってしまうものらしい……。

三種類の18インチの中で一番foの低い2245Hはその後、「ベイシー」からタモリへ渡った。スーパーウーファーを加えたものの、傷んだ2220Bは時折ビリついた。ぼくはここに至ってとうとう、この長年コンビを組んだ2220B四発を全部引退させる決心をした。

ぼくは2220Bを全部で一二本買っておいたから、F1レースのタイヤ交換みたいにここで四本全部をはき替えた。

というわけで、375、075以外の低音部を受け持つユニットが一六年ぶりに若返り、ぼくはまたひとつ歳をとった。

ぼくは、もう一度このJBLのウーファーを乗りつぶすことができるのだろうか……。

7 スピーカーに喋らせろ!!

ぼくはどうも、大音響で鳴らすことばかり考えているように思われがちだが、それでいいのだ。大音響で気持ちのいい音を出すことがいかに難しいか、やってみた人ならわかることだが、最初から音量を限定して、その範囲内だけでやっている人にはなかなかわかってもらえない、これは世界だ。

大音量でうるさくない、気持ちのいい音が出せるようになれば、そのまま小音量にしぼっても素晴らしい音がするものだ。大音量ですべてのアラをさらけ出しておいて音を作り、実際にはそのずっと下の適音で聴くのがいい。逆にいうと、小音量時に十分な低音バランスが出ていないと、とてもボリュームを上げる気はしない。どうせ高音だけ上がっていくのが目に見えているからだ。

レコードを演奏中にフェイドアウトしてみるといい。低音が早々と姿をくらますような時はロクな音がしていない時だ。いい時というのは、全部の音がいっせいに下がっていくのであって、全部の音が完全に聴こえなくなる間際まで、低音がしっかりとついていかなくてはならない。

完全なバランスとはそういうものだが、現実にはなかなか実現するのは難しい。

それに、レコード演奏の仕方というものをもっと重要視しなければならない。

出来上がったオーディオシステムは、いわば〝私のオーケストラ〟、〝楽器〟であるから、あとは上手に演奏するしかない。

就中《なかんずく》、他人にレコードを聴かせるということは深く考えれば大変難しい行為だ。お客は何を考えてジャズ喫茶にやって来ているのか、楽しい気分なのか、暗ーい気分なのか、ウマくいっているのか、失恋したばかりなのか、バラはへっているのか、ゲップが出そうなのか……、人はそれぞれであって、勝手である。

そこへ、どんなレコードを、どれくらいの音量で聴かせれば満足していただけるのだろう。明るいグループに照準を合わせていたら、ふと見ると店の隅の暗がりに一人ポツンと何が面白いのかといった体《てい》でうずくまっているのがいたりしてゾッとする。

期待に応える。気分にそっと合わせてやる。そんな生活をぼくはもう丸二三年もやってきた。読みが当たった時もあれば、ハズレた時もそうとう多い。

何度も訪れる人もあれば、「ぺっ」といって二度と来ない人もいる。ぼくは次第に人を読み過ぎるクセが身につき、それで村松友視《むらまつともみ》さんとぼくは大変ウマが合うのだが、そのムラマツさんは自分で「このクセなんとかなんないかな……」ともらし、ついには色紙に「人は奇妙なり」と書いてこの件に決着をつけた。

思えばぼくは少年の頃、友達を集めてはチコンキ（蓄音器のことをぼく等はそう呼んでいた）を聴かせていた。たくさん持っていた趣味はほとんど棄てた。自分のいいたいことは全部スピーカーにいわせることにした。

人にレコードを演奏して聴かせる。これがどんなことか、あなたわかりますか？

8 カウント・ベイシーの場合

上には上があるものだ。音は〝見る〟ものだと思って、さんざん眼を疲れさせながらぼくはやってきた。

ある時、ぼくはカウント・ベイシーとホテルのレストランで食事をしていた。BGMでコールマン・ホーキンスが気持ちよくテナーを吹いていた。ホテルのレストランで黙ってコールマン・ホーキンスが流れるわけはない。ぼくがあらかじめホテル側にカセットを渡しておいたのだが、ベイシーはホーキンスのテナーが大好きだ。

テーブルクロスを指でまさぐりながらホーキンスをうっとりと聴いているベイシーを見ていて、ぼくは、オヤ⁉ と気がついた。ホーキンスのテナーのフレーズに合わせて、ベイシーのただでさえ大きい鼻穴がさらに大きく丸くふくらむのだ。目を細め、深呼吸をしているようでもあった。

ぼくは黙ってタイミングを計って真似をしてみた。するとどうだろう！ ホーキンスのフレーズが鼻の穴からスーッと肺に入り、一緒に取り入れられた酸素とともに身体中に浸み渡るではないか‼

ぼくは「シマッタ！」と思った。何たることか。

音は〝嗅ぐ〟ものだったのだ!!

[CHAPTER.III]

9　菅野沖彦参上！

〝オーディオ人生〟という面からみれば、一番思い出深いのは、菅野沖彦《すがのおきひこ》さんが初めて「ベイシー」にいらしてくれた時のことだ。

あれは、ぼくが「ベイシー」をオープンしてまだ四年目の、一九七四年（昭和四九年）、初夏のことだった――。

オーディオ評論家の第一人者である菅野沖彦さんとは、それ以前からジャズ誌の『スイングジャーナル』の座談会等で、亡くなった岩崎千明さんや出原真澄《ではらますみ》さん（前アキュフェーズ社長）などと一緒に、身のほど知らずの軽口を叩いていた。事実、「ホウ、なかなか面白いことをいう奴じゃ……」と、当時の菅野さんはぼくのことを思っていたらしい。

それで、何かのはずみに「ベイシー」へ本当に菅野さんがやって来ることになった。

座談会は口だけで〈音〉は出さずに済むが、実際に店に踏み込まれたら、そうはいかない。事前にでかい口を叩いた己を呪ったが、もう手遅れで、聴かれたが最後、一切の言い訳は通用しないことに、この世界はなっている。

わけあって、その前夜から徹夜で店の中にこもっていたぼくは、（やれやれ……）と外に出てみると、もうとっくに夜は明けており、初夏の朝日が開き切った瞳孔にやけにまぶしい。

道往く人々は皆幸せそうに見える。

確か、「お昼頃には着く」ということだったから、菅野さん達一行はもう車を飛ばしてこちらを目指しているに違いない。

車中では当然オーディオ談義に花が咲いていることだろうし、一人ぐらい口笛さえ吹いているかもしれない……。

誰かが今、自分を目指してこちらに向かって来ている……という雰囲気は、こういう場合あまりいいものではない。

頻繁に見る時計の針とともにプレッシャーがどんどん身に重くのしかかってくるのがわかる。天変地異、交通事故、なんでもいいから、なんらかの都合で中止になることを祈っているところへ、ほぼお昼キッカリ、正確に一行の車が店の前に無事到着！　してしまったではないか!!

ただでさえ明るい菅野さん、天気のせいか、この日そのお顔は益々晴れがましく「ヤア、ヤア、ヤア、遂に『ベイシー』に来たヨ!!」と何の屈託もなくぼくの手を握る。握る手にかかる圧力の違いに、本日おかれた両者の立場の違いがすでに明白に象徴されている。

逃れられないどころか、ぼくは何はともあれ、到着したばかりの一行を取りあえず店内に招き入れなければならない立場だ。

本来ならば、ここで、ドアを開けると中でライヴ演奏をやっているようなジャズが鳴っていなければいけないわけだが、どうしたわけか店内はシンとして何も鳴っていない。ただ暗いだけだ。

時間通りにはどうせ着くわけがないと、たかをくくって様子を見に外へ出てみたところに本当に来てしまったからだが、経営者サイドからいわせてもらうと、ただでさえ通常のジャズ喫茶というものは、真っ昼間よりは夜の方がムードも音も良い。

早朝からムードのいいジャズ喫茶は、山形駅前の「オクテット」だが、コーヒーにヤクルトが一本ずつついてくるこの店は特別で、あっちは〝正しい〟ジャズ喫茶。

暗い店内に明るく入って来た菅野さん達一行は、誰いうともなく、ぼくが一番座ってほしいと思っている席にズラリと並んで腰を下ろしヤレヤレ、といった感じで早くも店、内を見渡している。そろそろ連中の瞳孔も開いてきた頃だ。

ウロチョロせずに、黙って座って、せいぜい首と眼玉だけ動かして様子をさぐる客は往々にしてデキル客だが、中の一人が、「たいしたキャリアだ」といったのが遠くで聞こえた。

ぼくの、デタラメに作ったスピーカーシステムのデン（！）としたすわりがそういわせたのか、一五〇年も前から立っているこの建物がそういわせたのかはよくわからない。

それどころではない。その時ぼくは、まずしょっぱなに何をかけようかと、ポケットに手を突っ込んで、レコード棚を眺めていた。

その頃、ぼくはネットワーク方式から、面倒なマルチ・チャンネル・アンプ方式に踏み切ってまだ二、三年しか経っていなかった。パワーアンプはともかく、正式に採用できるチャンネル・デバイダー探しにヤッキとなっていた時期であったから、重要な〝レベル設定〟も今のようには固定しておらず、新しい、というか、目ぼしいチャンネル・デバイダーが入るたびに、割と気楽にレベルを動かしていた。

ＪＢＬ社から、プロフェッショナルシリーズとしてモデル５２３２という、ぼくにとっては、ま、おあつらえのチャンネル・デバイダーが登場したのは、それから少しあとのことだった。

菅野沖彦さんが来る、という前の晩、ぼくの細い神経は〝本番〟を待たずして早くもその精神的重圧《プレッシャー》に負け、余計か細くなっていた。

昼頃に来るという。その時間じゃたぶん、他の客は〝0《ゼロ》〟だろう。当店は、コーヒーにヤクルトがつかない。

店だから質も大事だが、ともかく人間のアタマ数が多いほど良くなるようにぼくの音は出来ている。できれば菅野さん一行の他に女性なども取り混ぜて最低一〇人から一五人は店内にいてほしい。一〇〇人いればもっと良い。

考え過ぎたぼくは、遂に自己の抑制力より行動力、つまり、この場合は単なる〝弱気〟の方が勝り、「止《よ》せ！」というのに手が勝手に動き、指が〝チャンネル・デバイダー〟のつまみにふれた。動きにして〇・五ミリほどだが、中・高音《ハイレベル》を気持ち下げてしまったのである。これをオーディオ用語では〝消極策〟といって気の弱い人や心臓の弱い人がよく陥りやすい症状のひとつとされている。

結局、ぼくは通常のぼく自身のバランス感覚よりも少し中・高音《ハイ》を落とした、いわゆる、あまりキツくない音にして朝を迎えていたのだった。

徹夜をしていたのはそのためだ。

「音《サウンド》がレコードを選ばせる」ということがよくあるが、だからこの日、最初にかけるレコードを、ぼくはあらかじめ決めないでおいた。

（ゆうべの音《サウンド》だと……）果たしてぼくは、最初に何をレコード棚から引っぱり出すのだろう、と〝音者《おともの》〟としての自分の本能にそれを委ねて、黙って見ていた。

自分のすることを黙って見ている、というのも甚だ無責任だが、〈音〉を作る時にぼくはよく使う、これは一種のテである。

そんなに待たせたわけではない。

やがてぼくは、レコード棚に手をのばし、アート・ペッパーの、『ミーツ・ザ・リズム・セクション』ではなく、普段こういう場面ではあまりかけない『ジ・アート・オブ・アート・ペッパーvo.1』のA面を上にしてターンテーブルに載せた。

通常、「アート・ペッパーのオメガ盤」といわれる元〝幻の名盤〟で、これは一九五八年録音のステレオ盤だ。

一グラムあるかないかのSMEのトーンアームの先を人差し指でしゃくったぼくの手が一瞬震えた。

（マズイ！）と思い、一度アームをアームレストに戻し、二度目でスッと、今度はいいところにシュアーV15／TYPEⅢの針先が着地した。

ＪＢＬのＳＧ５２０のスライドボリュームを、目盛数「６・２」の位置までスーッと一気に上げピタリと止めた。

Ａ面一曲目の「ホリデイ・フライト」は、右チャンネルのスピーカーから、アート・ペッパーのアルトがいきなり無伴奏で飛び出すことになっているが、〃一発〃で最適ボリュームを決めないと、出の鋭いタンギング、つまり気合いと心意気を台無しにしてしまう。

音が出るのを待って静かにボリュームを上げていった方がいい、例えばライヴ盤の拍手などから始まるレコードとは別な類のこれも一枚だ。

四角いボリュームつまみから手を離したぼくは、あとは（ナムサン！）と祈るしかない。

アート・ペッパーのアルトの音が静寂な空気を切り裂いて飛び出す！　間髪を入れず「凄い‼」という大きな声が聞こえる。

プレーヤーの位置からガラス越しに向こうを見ると、無伴奏イントロ二小節目のアタマで既に椅子から立ち上がって「凄い‼」を連発している菅野さんの姿が見えた。

どうやらうまくいったようであったが、油断は禁物だ。

ボロは早くも次にかけたデューク・エリントンの『ザ・グレイト・パリ・コンサート』の前半で、出た。

本来、このアトランティックのエリントンの二枚組は、よほど調子が良くて自信のある時にしか、ぼくは人前ではかけない……。

聴かせどころもギッシリだが、装置《システム》の調整がバッチリいっていない時にはボロクソで聴いていられない。つまりぼく自身の重要な〝チェックレコード〟の中のひとつでもある。

それを、気を良くしてすぐにかけるような、ぼくはお調子者だが、考えようによっては早くて良かった、ともいえる。

果たせるかな菅野さんが寄って来て「ウーン、なかなかいいけど……ぼくならも少しハイを上げたいなア」ときた。

（ドキッ！）とした。へたに状況に合わせようなどと小細工を弄《ろう》したのがやっぱりいけなかったのだ。

こんなに早くバレるとは思わなかったが、バレてしまったものは仕方がない。

バレてもともと「実はですネ、ぼくも、そうしたいと思うんですがネ」などと語尾はもう聞こえないような意味不明のことを口走りながら、ぼくはもうアンプの前。

ゆっくりと深呼吸をしてから、ぼくはチャンネル・デバイダーの前にしゃがみ込んだが、当時のチャンネル・デバイダーはとても人様にお見せできるようなシロモノではなかったから、アンプ棚の一番下に隠すように、というよりハッキリ隠して使っていた。耐久性に欠けたが音は結構良かったので、そのあとで「ベイシー」を訪れた西条《さいじょう》和尚に乞われて、あげた。

（ここは〝一発〟で決めないと……）ぼくは絶対絶命の場面に立たされていることを誰よりも良く知っている。

しくじって、上げたり下げたりが始まったが最後、本番中に〝地獄〟を見るのは明らかだ。

ゆうべ、〇・五ミリほど下げた、といったが、あれはあくまで〝勘〟で、今度〇・五ミリ上げれば元に戻るというものではない。元に戻る確率は甚だ低い。

それが、あなた〝アナログの世界〟というものだ。

さっきの、最初のレコード選びは、自分のやることを知らんふりして眺めていたが、今度は場面が違う。本能プラス、しっかり自分の実力《テクニック》で〝一本〟決めなければならない。

逃げるどころか〝自殺〟も許されない。


D130を完成してなかったら、ジム・ランシングもあそこで自殺をしていなかっただろう——などと次第に深刻になっていくのはこの店内でぼく唯一人。他の人達は、人の気も知らないで向こうで談笑さえしているではないか!?

ぼくには確かに肉親も、愛すべき家族もいる。頼りになる医者だって、弁護士だって、レコード会社のプロデューサーだって、お笑い番組の放送作家だって、間違いを黙って直しといてくれる編集者だって、野口久光《のぐちひさみつ》先生だって、坂田明《さかたあきら》だって、ガールフレンドだって十分とはいえないがそこそこにはいる。

なのに、今のぼくを救ってくれる者は誰もいない。世間は薄情だ。——孤独だ。

と誰だって知ってる当たり前のことをつくづくと噛みしめながら、手をチャンネル・デバイダーのたかがつまみにのばす。

ホントに本気になっているからそこにオーディオの〝凄玉〟がズラリと並んでいることも一瞬忘れた。

幸いなことに、いつも夜中に一人でこの作業をやる時によくかける同じレコードが今かかっている最中だ。いつもの通りにやれば良いのだ。

〇・五ミリを目で読むよりは耳に神経を集中して、空気の変化を読めばいい。

指はそこで止まるだろう……。

「いいゾ!!　これでいい、これで!!」

またまた明るい菅野さんのおおらかな声が向こうの方で聞こえた。

どうやらぼくは〝一発〟で決着をつけることに成功したらしい。

（フーッ）と息を吐いたぼくはそのまま床に尻もちをついた恰好で、向こうで鳴っているいつものジョニー・ホッジスの音をしばらく聴いた。

あとはもう、こっちのもの。

それまでのプレッシャーを喜びに変え、一気にたたみ込んでお返ししたのだった。

菅野さん達にとってはどうか、ぼくにとっては、オーディオの苦悩と喜びがこの一日に凝縮された感があり、忘れ得ぬ思い出となって、その後、何度も何度も苦境に立たされた時の励みとなった。

あれから二〇年ほど経った今、ぼくは思うのだ。果たしてぼくは、あれほどの励みを人に与えたことがあったのだろうか、と。

追加事項がある。従ってオメガ盤の『ジ・アート・オブ・アート・ペッパー』は、あとにも先にもあの時ほどいい音で鳴ったことはない。
レコードの音というものは、そういうものだ……。

10　音を取り次ぐ

いいことと悪いことが日替わりで襲ってきた平成元年は、ぼくにとってたいへん疲れた年となった。

オーディオ以外でこんなに気力を消耗した年はかつてなく、この一年でぼくは確実に三年分は老けた。

「音の世界に帰りたい」ぼくは心底そう願うに至っていた。

年が明け、平成も二年となり、世界的には一九九〇年と区切りのいい年代となった。

正月のドサクサが済むとぼくは、もう一度初めからやり直そうと思った。

七、八年前の市の区画整理で店をいったん解体して以来、どうもぼくは自分の〈音〉を取り戻せないまま今日に至っていた。

他人様の音ならいざ知らず、かつて自分の出した音が眼の前に立ちはだかっているというのも妙な気分だ。

「あの頃、オレはいったい何を考えていたのだ？」とムカシの自分と今は自問自答する有り様である。

歳をとれば気分も変わる。

それなりに音も変わっていって当然といえば当然なのであるが、それで済む人と済まない人がいる。

若き日のリー・モーガンやコルトレーンやオーネット・コールマン、そしてアルバート・アイラーなどをかけた場合、〝枯れた音〟などでは、ぼくの場合済まされないからである。歳とともに〝枯れた音〟を出して許されるのはミュージシャン側の話であって、ぼくにはそれを〝正確〟に出す義務しかない。

音を取り次ぐのが、ぼくの仕事だ。

誰でもそうだといっているのではもちろんないから、ムキにならないでいただきたいのだが、スタイリストは誰だって、自分の音のスタイルに責任を持つものだ。

そうだ。これは〝責任感〟の問題なのだ。それでぼくはもう一度自分の〈音〉を取り戻したいと奮起するのだろう。

何から手をつけようか……と考えながら、取りあえず店内の椅子、テーブルの配置をムカシと同じ位置に並べ替えてみた。名案が浮かばない時には、こういうくだらないことからやってみるのが良い。椅子等の前後関係は時に重要だ。

天井からぶら下がっている照明器具の高さも、古い雑誌や写真などをひっくり返してみて少し下げてみた。

それから、アンプ類の電源コンセントを〝専用〟のものからはずし、別の一般用のコンセントから引っ張った。以前はそうしていたこともあった。

オーディオ専用コンセントにもダミー電流は流してあったが、一般コンセントはその比ではない。

チャンネル・デバイダーからウーファー用のパワーアンプに行くシールド線が、いつの頃からかノイマンのコードに金メッキのピンプラグがついたものになっていたが、これもはずして、物置部屋をひっかき廻して、ムカシの、見た目は甚だ頼りのないものに戻した。

もちろんスーパーウーファーの配線も既にはずして、もともとの3ウェイに配線を戻してあった。

と、まあ、こんなことを延々とやっていたら、音の気分がなつかしいものに少しずつ変わってきたではないか⁉

ある種のなつかしい音が出始めると、こういう場合はトゥイーターのレベルをちょいと上げるのだとか、ではなくて、スコーカー（中・高音）を下げるのだ、とか次から次に打つべき手順がタバコを吸うヒマもないほどわいてくるのだ。席を温める間もなく、アンプやスピーカーのところへ足早に出向いては席に戻るといったせわしい状態が一カ月も続くと、気分はもうだいぶ二〇年前と同じになっていた。

音のイメージを取り戻すために、ムカシしょっちゅうかかっていたレコードをなるべく集中的にかけたのはいうまでもない。

コルトレーンが、ある日ついに帰って来た!!

ぼくは遂に「来たな!!」と思って眼を見開いた。エルヴィン・ジョーンズのジルジャン（シンバル）の音も「カツーン、カツーン」と飛んでくる。

他人が聴けばたぶん、ちょっとの違いなのだろうが、ぼくにしてみれば、それはまさになつかしい、ムカシの自分の音であった。

長い梅雨がようやく明けたと思った。それでぼくはこの二月に取りあえず梅雨明け宣言というものを出したのだが、これですべて良しというものでもない。取りあえず、といったのは、これでぼく自身の内部で水面下に沈んでいたものが、プカッと水面に浮かび上がった。という程度の疲れる話でしかない。つまり、マイナスがようやくゼロに浮かび上がってスタートラインに立ったという、アイサツがわりの音なんだろう。これは……。

なんにしろ取りあえず安堵のタバコを一服吸って吐いて、サテ、これからが〝本番〟とぼくは「ウー」とタメ息をついた。

11 ＪＢＬプロジェクトＫ２登場！

ＪＢＬのプロジェクトＫ２という、同社の最新作のスピーカーであるが、『ステレオサウンド』の紹介記事を眺めていたら、久しぶりにそそられるものがあって、一度聴いてみたいという気にさせられた。

そそられたことのひとつに、このスピーカーシステムの〝高能率化〟というのがあった。

ジム・ランシングのスピーカーというものは、そもそもが、〇・〇〇一ワットでも馬鹿デカイ音がしますヨ、というのがセールスポイントでもあったので、六〇年代以降の能率をギセイにしたようなスピーカーは、ちょっとどうも、とぼくは思っていた。

スピーカーの能率は、高い方がいいに決まっている。

楽器の音が、少しの力で大きな音がするようにハナから出来ているという点を見習いたい。

それとこれとは話が別だと思う人は別な道を歩めばいい。

楽器の音は、いくら大きな音がしたからといって、〝力〟はそんなにかかってはいない。

ドラムにしてからに、名人の手にかかった場合、軽く叩いてあの音だ！

ピアノは、どんな〝力持ち〟が叩いたところで鍵盤の運動量は世界共通で、たかだか一センチ程度しか動かない。

ヴァイオリン、チェロに至ってはウマのシッポの毛でこするだけだ。でも物凄く良く〝鳴る〟。〝鳴る〟音を〝力〟と勘違いして認識するとトンチンカンなことが起こる。

オーディオでもっとも難しいもののひとつは、音の〝性格〟を強くしないで、大きな音を出すことだろう。

真剣に考えると、これは凄く難しい。音は〝パワー〟だといいはる人がいたら、林に入って日がな一日セミの声を聴くのがいい。悟るか悟らないか、セミの声は相当に大きく、ウルサいが、セミにそんなに〝パワー〟があるかしら??

能率の低いスピーカーは、アンプから送られた強い力にしか反応しないから測定不能に近い信号は、まあ、なかったことにしていただきたい、といった鳴り方でお茶をにごしてしまうのではないか？　シラケるわけだ。

で、K2であるが……。

ロングボイスコイルを止めて、ショートボイスコイルに改めたとか、コーン紙のカーブをD130に似せて（?）浅くしたとか、各所に明らかな反省の色がうかがえる。それに、法外な値段をつけておきながら2ウェイでまとめた度胸を買おう。

JBLの原点ともいうべき〝001〟システムは、D130と175DLHの2ウェイであった。

しばらくして、製品化されたK2がようやく一組届いたという電話をもらったぼくは、『ステレオサウンド』の試聴室に聴きに行った。

『ステレオサウンド』の若い編集者O君というのは気仙沼出身で、高校生の頃から「ベイシー」に通っていた好青年である。スジも、いい。オーケストラの指揮もやる。

ぼくの行ったその日は、昼から「大型スピーカーシステムの試聴会」でO君はクタクタ。夜にそれが終わると全部片づけて、ぼくのためだけにK2のセッティングを休む間もなく開始した。

開始するにあたって、気が散るから外に出てくれというので、ぼくは朝沼予史宏《あさぬまよしひろ》君（オーディオ評論家）らと近所の六本木交差点付近の焼肉屋で待機することにした。ただ待機するのも何だから焼き肉を喰った。焼き肉を喰ったらビールが飲みたくなった。ビールを飲んだらオーディオ談義に花が咲き、O君のことをすっかり忘れて二時間も経った。待機にもホドがあると思って、

「そろそろ、O君いいかな？」

とぼくがいうと、

「ボチボチでしょう」

と朝沼君は少しも急がない。

試聴室に舞い戻ると、待ちくたびれて寝てしまったのではないかと思われたO君、どっこいギンギンでまだ調整に余念がない。

時計の針は一二時を回っていたが、

「ボチボチ行きましょうか」

と朝沼君がＯ君にゆっくりと合図を出す。

レコードプレーヤーに、ぼくはリン・ソンデックのＬＰ１２を所望したのだが、朝沼・Ｏの両君が大変気に入っているロクサン／ザクシーズを是非聴いてほしいというので、それが用意されていた。カートリッジはシュアーのＶ１５／ＴＹＰＥⅢで、スタイラス（針）はぼくが「ベイシー」で使用中のものをひっこ抜いて持参した。他にあと二本、友人の伊藤八十八君が、

「取っておきのを」

といって嬉しそうに持って来てくれた。

ぼくの持参した二〇枚ほどのレコードの中には、彼の制作したものも何枚か入っていた。

やがて、リー・モーガンの『キャンディ』がＫ２から鳴り出した。割と情けない音だったのでボリュームを上げると、プツンとパワーアンプの保護回路が作動して切れた。

Ｋ２は、トータルインピーダンスが3オームしかなく、低インピーダンスに弱いアンプはまず使えない模様。『ステレオサウンド』の試聴室の隣の物置には、売るほど物が山積みされているから少々のことは平気である。ゼイタクさせてもらって、最終的にはスレッショルドのＡ級モノーラルアンプが安定したドライヴをしてくれた。Ｋ２はアンプにも金が掛かりそ。

デューク・エリントンの『ザ・グレイト・パリ・コンサート』は聴きどころのギッシリと詰まった名盤であるが、ジョニー・ホッジスのアルトとハリー・カーネイのバリトンが特に聴きどころ。ハ、ノリが少し速い感じで、もう少しゆったりと鳴ってほしいのだが、それは買った人が頑張ればどうにでもなる問題。コルトレーンの『クレッセント』も〝色気〟に欠けたが、それ

も同じ問題。

『ゴールデン・サークルのオーネット・コールマン』は過激な音が素晴らしいレコードだが、過激過ぎてさすがのぼくもヘトヘトになった。でもとにかく〝鳴る〟スピーカーだということはよくわかったから、あとは使う人の根性次第で何とでもなるだろう。逆にいうと、〝根性〟のない人はこのスピーカーを買う必要はハジメからないのではないか？

夜中の三時もいい加減過ぎた頃、オシマイに、スチューダーのCDプレーヤーの音を聴いてみたいとぼくがいったのが間違いの元だった。朝沼君が選曲してかけたのであるが、信じ難い音響エネルギーがコンパクトなK2から吐き出された!!

強烈な音の放射であったが、CDはウーファーを壊さない。

K2のコーン紙は大騒ぎもしないで、もちろんスピーカーシステム全体もいたって静かなたたずまいで涼しい顔をしてすまして立っているかのようで、それは不思議な光景であった。

美しく仕上げられた、極めてコンパクトなスピーカーシステムから、ステージに山積みされたPAスピーカー群から出ているような強烈なサウンドが飛び出してくるのだ!!

これはもう、好きだの嫌いだのいわせない一種の快感であり、JBLの血統の凄さをまざまざと見せつけられて感心してしまった。〈音〉はやっぱり〝パワー〟か⁉

12 ベイシーが「ベイシー」にやって来た!!

世の中には〝最高〟で〝最低〟の話というものがあるものだ。

ぼくは、いつかは〝本物〟のカウント・ベイシーが「ベイシー」のドアを開けて入ってくるのではなかろうかと〝空想〟をして暮らしていた。

一〇年が過ぎた一九八〇年（昭和五五年）の春にこの空想はついに現実のものとなった。

なったのはいいのだが、いざその時になって、それまでぼくの空想に重大な欠陥があったことに気がつき、愕然とした。ちなみに空想シーンというのは、こういうものであった。

なぜか客のいない店の中で、ぼくは一人タバコをふかしながらカウント・ベイシーのレコードを聴いている。

まるで、ベイシーの楽団がソコで演《や》っているようで、〈音〉の調子も絶好調だ。

こういう時に誰か訪ねてくればいいのに、と思っているところへドアが開いたので、ふと眼をやると、ニンマリと笑ったカウント・ベイシーが、そこに立っているではないか!!

よく考えれば、そんな馬鹿な話が現実にあろうはずもない。

現実は、こうであった。

タバコをふかして待っているはずのぼくが、なんとしたことか、バスに乗ってベイシー楽団と一緒に「ベイシー」に来てしまったのだ!!

一人静かにどころか、店の前は黒山の人だかり。カメラの砲列。中に飛び込むと、中は中でゴッタ返して大声が飛び交っている。おまけにカウント・ベイシーのレコードがかかっているはずが、関係のないミルト・ジャクソンとレイ・ブラウンのがかかっているではないか⁉

しかもである。ゾッとすることに、何日も店を留守にしたせいか、肝心の〈音〉がいまひとつパッとしていないではないか⁉

軽い〝接触不良〟だろうが、アンプをいじる暇もない。

「クソッ!」と思ったところへ入って来たのだ。一〇年も待ち続けたウィリアム・ビル・カウント・ベイシーは。奥さんと腕を組んで。

カウント・ベイシーはドアのところで確かにニンマリ笑った。

ぼくはグシャッと複雑に笑ってこれを出迎えたが、バンドのメンバーは既に全員席に着き、陽気にやっている。店の中は超満員。皆楽しそうで、ぼくの他に誰一人不幸な人はいない。

飲み喰いさせているスキに、ぼくは素早くアンプ棚に背伸びして何カ所かのピンプラグをこすってみたりしたが、一発で直る時と、そうでない時とがある。

ベイシー夫妻の前ではニコニコ顔。

アンプの前では、〝クソッタレ!〟という形相のぼく。装置の調子が悪ければ、ぼくの〝必殺ワザ〟は封じられるから、〝消極的〟な音を出すしかない。

神を呪ったが、もともと誰が悪いのでもない。店に居座って、万全を期して迎え撃たなかった自分が悪いのだ……。

グッタリとしてぼくが正気に戻った時、カウント・ベイシー楽団の一行を乗せたバスは既に一関の町を離れ、高速道路を一路仙台空港に向けて走っていた。

一番前のシートから後ろをふり向くと、バンドの面々は大はしゃぎで親指を立て、「最高だった!!」と口々にいっている。

何でも、女房が作って出したビーフシチューが最高に旨かったらしい。

[CHAPTER.IV]

13 惚れたジムランのアンプ、SA600

今は、旨くもない物を年中喰える便利な時代になった。

より便利にすることが人類の目指す変わらぬテーマであるから、その点では順調にいってい るかにみえる。

ぼくだって今さら歩いて東京まで行く気はしない。新幹線に乗る。

東北新幹線に初めて乗って東京へ行った時、正直いってぼくはそのスピードに感激した。

今ではもう慣れた。

もっと速くならないかとさえ思っている。

便利になった感激に人は慣れやすい。

真冬にイチゴを喰って感激したのは最初の冬だけであった。第一、イチゴが喰える楽しみなど考えている人はもうどこにもおるまい。

多少の感激はギセイにしても、人は便利な方を取って、そしてここまでやってきたのだ。

〝ここ〟とは〝どこ〟なのだろう――。

インク壺からチューチューとインクを吸い上げながらモンブランの万年筆で原稿を書いて、それをファックスで出版社に送っているぼくはお調子者だが、これ以上は〝便利〟にしない方がいいのではないか？　と思っているものも気持ちの中ではちゃんと持っているつもりだ。〝音楽を聴く〟という行為もその中のひとつだ。

そもそもが、〝合理化〟を図りたい人に音楽を聴く必要があるのかどうか。

よく考えればわかりそうなものだが、まったくの〝無駄〟と気づくべきだろう。〝無駄〟を承知で〝無駄〟に時間をさくからには、当然それなりの見返りがなくてはならないから、音楽を聴く時には腹をすえて覚悟を決めてもらいたい。

つまりハッキリさせたいのは、一方では〝合理性〟だとか、そーゆーものとはまったく無縁のところで本質的に感動するものを人は昔も今も引きずっているのであって、そこのところの区別の仕方にこそ、モンダイがあるのだ。

便利なファックスを備えてあるぼくの店のアンプ棚にズラリと並んでひときわ光彩を放っているこのアンプ達は、皆かれこれ二五年から三〇年も前のシロモノだ。で、本質的なところで感動するとどういうことに陥るかという、ホンの一例をこのアンプとの話でしてみよう。

——ぼくは、ＪＢＬの、スピーカーより、どちらかというとアンプと先に縁を持ってしまったのだが、それは衝撃的な出合いであった。

ジャズ喫茶など始める前のことであるが、ぼくはある楽器店のオーディオフロアをぶらついていた。眼尻に何かひっかかったと思い、ふり向くと、ショーウィンドウの中にスポットライトを浴びたかのように(実際にはそんなライトはなかったのであるが)美しい姿のアンプが一台ニンマリと笑っていた。ジム・ランシングのプリメインアンプ、ＳＡ６００の〝実物〟であった。写真ではよく見て知っていたが、〝実物〟を見るのはその時が初めてであった。

いい女に出会った時のようにと説明するのが早道だろう。ドキッとした。しゃがみ込んでシゲシゲと眺めた。写真で見ても綺麗なアンプだとは思っていたが、本人、いや〝実物〟はさらに息をのむ美しさであった。

女性であったが、店員さんを呼び、ぼくは慌てた口調で「このアンプをぼく買いたいので誰にも売らないでください！」と告げた。「ハイ」と彼女は慌てずに答えたのでぼくは拍子抜けしたのであるが、聞けば、何ヵ月も前から売れずにそこにあったのだという。

どこでどう工面したのか忘れたが、翌日ぼくは一七万円を持って身受けに行った。アンプはすでにダンボールに入っていたので安心したが、そのダンボールがまた恰好良くて涙が出そうであった。

——いい時もあったが悪い時もあった。人は、その落差に絶望感と幸福感を確認するのであろうが、病み上がりのぼくに久々に訪れた、それは極楽浄土の気分であった。

家に戻ると早速ダンボールを開けてみた。この時ぼくは、ＪＢＬのＳＡ６００に初めて直に手を触れた。

つまり、一目惚れしたぼくは、性能も機能も感触も試さずにこのアンプを買ってきてしまった、ということになる。

大きいことをいうようだが、〝惚れる〟とは、そういうことだ。

その頃ぼくは、ダイヤトーンのロクハンスピーカー（6・5インチロ径のスピーカー）、Ｐ６１０

を二発ずつ、自作のエンクロージュアに入れたものを使っていたが、これは、東京・荻窪の四畳半でも活躍していた、なかなかあなどれないものだ。

結線を終えて、SA600の電源スイッチをONにすると、スイッチのすぐ上にあるJBLの例のオッタマゲ・マーク（感嘆符）の丸い点にポッと明かりが灯った!! 意表をつかれたので心底感激した。コンテンポラリー・レーベルのジャケットデザインなどに共通した、アメリカならではのユーモアのセンスと、遊び心の余裕といったものを、このパイロットランプひとつが物語っていた。その手にヨワイぼくは、この時点ですでに「まいりました」という気分になっていた。動作を安定させるために、この感心している時間が結構長かったように思う。

最初っから「ドカン!」とくるものをかけるほどぼくは神経が太くない。ルーレット・レーベルの『ヴィレッジ・ゲイトのクリス・コナー』をさりげなくかけてみた。さりげないつもりが、出てきた音はそれどころではなかった!!

ザワザワと人の気配がそこらじゅうに広がり、ステージが見渡せるような状況の中でクリス・コナーが歌い出した。

冗談ではない、今までとまるで様子が違うではないか!! 音の広がり、奥行き、見晴らしが、それまでとにかく全然違うのだ。ロクハンのスピーカーがこんな音を出していいのか、いったい!!

マンガでいうと、ぼくのコメカミのあたりにタラリと汗がひとしずくたれた。

今まで眠っていたコーン紙のすべての部分が丁寧に揉みほぐされているような、それは鳴りっぷりであった。低音はどこまでもしなやかに伸び、高音とて、トゥイーターもないのに天井知らず、といった感じの伸び上がり方であった。四方にガクブチがないといったらいいか……。なんというアンプであろう!! アンプで音が変わるくらいはぼくだって知っていたつもりが、この時の変わり様は、ぼくの予想をはるかに超えた、というより、予想に入っていなかったといった方が正しく、まったく新しく教えられる音の価値観であった。

ゲロの吐きついでに吐いてしまうと、それまでぼくは、真空管のアンプでアルテックのA7みたいなものを鳴らした音が好きで、そっちを目指していたのであった。全然違うとはいわないが、だから意識になかった音の〝鳴り方〟をぼくはこのJBLのSA600から一瞬にして教わったのだった。

やがてぼくは、ジム・ランシングのグラフィックコントローラー（プリアンプ）SG520とエナージャイザー（パワーアンプ）のSE400Sを二〇年近くも使うことになるのだが、人は最初の感動のボルテージの高低によってその後の人生が決まるようなフシが身受けられるので、ぼくがいつまで経ってもJBLのアンプを手放さないわけをこれをもって察していただきたい。

しかしながら、だからといってぼくは人にこのアンプを奨めた憶えは今までほとんどなく、人は皆このような自分のストーリーを歩めばいいのだと思っている。

東京・門前仲町のジャズ喫茶「タカノ」のオヤジを想う。同じような根拠で手放さない、マッキントッシュの真空管アンプ、C22、MC275（またはMC240）とタカノさんとの何十年にわたる長編物語を……。

14 私、アナログの味方です

「デジタルは及ばざるが如し、アナログあったら入りたい」と申しますが、音楽にデジタルが介入してきた時、最初ぼくは冗談かと思って笑っていた。

しばらくして、それが冗談ではなく〝本気〟らしいと気がつき、ガクゼンとした。一〇年ほど前、ある雑誌に、ぼくは「デジタルは今後限りなくアナログに近づこうと変な努力をする悲劇のヒロインだ」みたいなことを書いた憶えがあるが、本当は喜劇的だと思っている。

寄ってたかっていろんなことをいうが、いくらどう聴いてみても変な音に聴こえる。

あれでいいんだったら世話ねエや、という感じだが、色の話や、味の話などと同様で、いくら議論したって始まらないような気もしてきた。

いいって人にはいいんだから仕方がなかろうと思う。こっちが絶対正しいとも限らない。

こうなったら、好き嫌いでものをいおう。

ぼくは、誰がなんといおうとアナログレコードの音が好きだ。

デジタルの好きな人はだから「デジタル音が好きだ」とハッキリいってもらいたい。

人様々であるから、仕方がないではないか。

ところで、このところレコード会社では特別製のアナログレコードを限定発売して結構売れている。東芝のブルーノート・シリーズやキングのスーパーアナログディスクに次いで、ポリドールからもヴァーヴの名盤シリーズがアナログ盤で登場して好評だ。ヴァーヴ・レーベルはジャズの宝庫であるから、今後とも継続していただきたいが、最初の発売の時、宣伝用コピーと、アルバムのタスキの原稿依頼がぼくのところに来た。ぼくがアナログファンだということをレコード会社も知っていたらしい。

「デジタルをケチョンケチョンにいっていいの?」と聞くと、

「いや、デジタルをけなさないでアナログの素晴らしさを大いにホメてください」

という、至難の原稿依頼であった。

ついでに初回で発売されたカウント・ベイシーの『ベイシー・イン・ロンドン』のライナーノーツも書くことになったが、こちらは楽しんで書いた。なにせ、ぼくはこのレコード一枚買ったおかげで人生が決まった、というレコードであるから。

本は、横にかけるから〝腰巻き〟、レコードはタテにかけるから〝タスキ〟というのだろうが、なにぶんタスキのスペースでは意とするところを十分に伝えるのは難しかろうと思って、かなりはしょって書いてみた。

このシリーズを本当は買ってほしいのであるが、ま、買わなかった人のために参考までにその全文を掲載してみよう。次のようなものだ。

私、アナログの味方です

スウィフティー菅原

ヴァーヴの〝幻の名盤〟〝永遠の名盤〟それぞれ五枚ずつがアナログの〝豪華盤〟で発売されることになった。

アナログであること自体がすでに〝豪華〟に思えるご時世であるから、ボクなどは〝普通盤〟で十分満足なところである。

未発表盤三枚を含むラインナップもなかなか魅力的で、久しぶりで新しいカッティングのＬＰが聴けると思うと今から楽しみで待ちどおしい。ハッキリいって、これは売れると思う。

アナログは、アナログのままで再発売してほしいと願っている人は、一般に思われている以上に実際は多いからだ。

さて、ぼくは確かにアナログレコードの〝味方〟ではあるが、結構これに不満をいってボヤいてきた張本人でもある。

ゴミはつくし、針は減るし、ロクなことがないといいながら今日に至っているのだ。ゴミが近づくと、これをハジキ飛ばすレコードを本気で開発しなかったし、使った針が減るのは仕方がないにしろ、交換針の値段が法外ではないか⁉

ぼくは年間平均一〇〇本の交換針を消耗するが、ある年などは調子のいい針に巡りあわなくて、遂に二〇〇本も買ってしまったことがある。

一度買ったら一生使えるスピーカーの値段に比べると、これはチトどうかと思われるのだ。

「なら止《や》めちまいな」

という声が聞こえるが、〈音〉がいいから止められないのだ。

音楽は〈音〉を聴くものであるから、この一点はすべてに優先するのだ。

バッチリ決めた時のアナログレコードの音の凄さたるや、筆舌に尽くし難いものがあり、演奏の〝熱気〟だとか、〝気迫〟だとか、音の周辺の〝景色〟だとかが手に取るように伝わるし、よく見える。

就中、人の〝気配〟に至っては、これはもうアナログだけの世界であり、薄気味が悪いほどである。

(そこに誰かがいる)といった感覚は、好きな曲が鳴っていればいい、といった次元からもう一歩踏み込んだクオリティの世界だ。

——ところで、〈音〉がいいとか悪いとかいう話は、所詮、好きなラーメン屋の味ほどに、人によって喰い違うから、これを取り締まる必要など別にない。

むしろ〈音〉に何を望むかに、人の妙があるのであるから、人それぞれ好きなものが〝共存〟できるように配慮することが、取りあえず今、一番大事なことだ。

今回のこの企画でアナログレコードに振り向く人が続出したとしても、だから、誰の罪にもならない。

――相当に大雑把ない い方をしているのが改めてわかったが、つまり、ここで筆者がいおうとしていることは、アナログレコードは不便だ、時代遅れだ、ロクなことがない、と認めていながらも、〈音〉がいいから止められない、という一点に集約されている。

袋からレコードを取り出し、おもむろにゴミを拭いてから静かに針を下ろすと、さあ、これから演奏が始まるゾ、というパチパチ音がたまらない。などとは一言もいっていない。

土台、〝パチパチ音〟などなんとか出さないように心血を注いで来たのではなかったか⁉

ハッキリいおう。レコードは、ジャケットがいいのと、音がいいのと、長持ちすること以外は全部CDにやられたのだ。

だから、合理性を最優先する人は迷わずレコードを全部ドブに棄《す》てたらいい。

少数派の〝あきらめきれぬ人〟たちがレコードをちゃんと守っていくから、心配は無用だ。

「今は先見の明がある人は多いが、あきらめきれぬ人は稀になった。

明日はどうなるのかと知恵を巡らす人はいくらもいるが、昨日のこだわりを捨てられずにいる人は孤立している。

当然のことながら未来へ向けて群れて走っている人たちよりも、たとえ敗者に見えようとも孤立している人間の方が面白い。

最初よりも最後が面白い時代だ」

（『室内』一九九〇年三月号〝現代の職人〟石山修武《いしやまおさむ》）

これは、オーディオ誌ならぬ、インテリア雑誌に載った、ぼくの今の有り様を見事にとらえた記事の冒頭の一節だが、けだし〝名文〟だと思って石山さんにことわって拝借した。

つまり、ま、そういうことになってしまったらしい。

今までは当たり前だと思ってやってきたことの最後を、面白くしたいと思う。

「私、やっぱりアナログの味方です」

15　空中でハモらせろ！

何時の頃からか、ジャズの録音を物凄く〝オン・マイク〟で録《と》るようになった。各楽器間の音がカブらないように、ということらしいが、もともとハーモニーというものは、そのカブり合った音のことをいうのではなかったか⁉

それで一番被害が大きいのはビッグバンドのサウンドで、セクション一人一人の音がショボショボ聴こえて、全体のドーンと来るうなるようなハーモニー感が失せてしまった。ゾクゾクするようなサックス・セクションのアンサンブルや、ウットリするトロンボーン・セクションのセクションワークがサッパリ面白くもなんともなくなった。

実際のコンサートへ行っても駄目である。レコーディングとまったく同じマイクセッティングのPAの音は、やはりハーモニー不在で、〝生《ナマ》〟を聴いた気はしない。

〝本当〟のドラム・セットの音もなかなか聴かれなくなった。果たしてドラムやシンバル一個一個にほとんど全部マイクロフォンをつける必要があるのかどうか、もう一度よく考え直していただきたい。その向きの音楽には良くても、ぼくは今、ジャズの話をしているのだ。

ドラムには、一台の〝ドラム・セット〟としての音があるのであって、パーカッションがズラッと並んでいるのとはちとわけが違う。

セットをバラして横一列に並べて叩いてみればわかることだが、それではジャズの〝ドラム・セット〟の音はしない。

バスドラムを踏むとスネアドラムに響き、トップシンバルに倍音が乗ったような、全体としてハモった音がするものだが、これが〝ドラム・セット〟の音というもので、例えばタイコとタイコの中間、スネアドラムとトップシンバルの中間あたりに来る音が大事なのであって、リムのあたりでそのタイコの音だけ録ってもハーモニーは生まれない。

ならばいっそのこと、オーバートップのマイク一本で録った方がリアルな〝ドラム・セット〟の音がまともに飛び込んで来て、〝通〟には嬉しい音が聴ける。

ムカシのライヴ録音で、ドラムにマイクがなく、センターマイクあたりでかろうじて拾ったドラムの音がシビレるほど本当臭い凄い響きを聴かせるが、その感じをうまく録ったレコードは五〇年代のモノーラルレコードなどにいくらでもある。

わけがわからないほどのマイクロフォンを使ったところでシマイにはどうせ2チャンネルにトラックダウンされる運命にあるのだから、最初から少ないチャンネル数で録る工夫をもう一度してみてはどうかと思う今日この頃だ、といってだいぶ久しい。

16 DECCA《デッカ》のオリジナルSP盤が語るもの

「ベイシー」の柱に「DECCA」と大きく書かれた一枚のSP盤が飾ってあるが、近寄って見ると、茶色の袋にサインが三つ入っている。Count Basie とFreddie Green とHisamitsu Noguchi の三人である。

中味のレーベルを読むと『One O'clock Jump / Count Basie and His Orchestra』と書かれており（Fox Trot）になっている。

このSP盤こそが、カウント・ベイシーの生涯のテーマ曲となった、ご存じ「ワン・オクロック・ジャンプ」の一九三七年（昭和一二年）吹き込みのオリジナル盤だ。

吹き込んだ当時は、まさかその後五〇年間も演奏することになろうとは本人も思わなかったろうが、結局彼は死ぬまでこの曲を楽団のテーマ曲として演奏し続けることになった。

こんな貴重なものがなんでこんなところにあるのかというと——。

野口久光先生は、このレコードを一九三七年当時、新譜で求められたのだという。太平洋戦争もあったろうに、大事に持っておられた。

平和な時代になったある日、船橋の自宅から有楽町へ通う総武線の電車の中で、一人の早大生から声をかけられたのが運のツキだった。

ハイソサエティー・オーケストラでドラムを叩いているというその早大生は、その日、千葉の市川で行なわれていたTBSの「全国大学対抗バンド合戦」のビッグバンド部門で関東地区優勝を果たしてきた帰り路で、ハナ息が荒かった。見ればなるほど、ハイソの連中が電車の中に散らばっている。皆、ハナ息が荒そうだ。ドラマーは「来春、アメリカへ遠征したいので、先生ひとつヨロシク」と詰め寄って、その日は有楽町で別れた。

それで済めば何事もなかったのであるが、ドラマーはすぐに、野口先生の職場であった銀座の東和映画に現れたり、間もなく引っ越したばかりの洗足《せんぞく》駅近くの品川の自宅に押しかけたり、コンサートというコンサートには片っぱしからご一緒したりで、とうとうズルズルの関係を結んでしまった。

ドラマーは、しかしいたって人見知りする性格で、女性は別にして、自分から声をかけて生涯の〝友達〟になったのは後にも先にも、野口久光と、カウント・ベイシーの二人だけだったという。

野口久光先生に電車の中で声をかけてから六年後の一九七一年（昭和四六年）に、元ドラマーはついに新宿厚生年金会館のステージのソデで、カウント・ベイシーにも声をかけてしまったのだ。

彼はその頃、すでにドラマーを廃業してジャズ喫茶のマスターに納まっていたが、カウント・ベイシーの〝実物〟を見るのは一九六三年（昭和三八年）以来、ほぼ八年ぶりであった。ガタガタと震える手に、何を血迷ったか〝真珠の首飾り〟を持っていたが、たぶん「奥さんにどうぞ」とでもいったのだろう。〝真珠の首飾り〟だったらグレン・ミラーにあげればよい。グレン・ミラーとカウント・ベイシーはたしか同い年だ。

そして、野口先生の時と同じ手口で、とうとうカウント・ベイシーともズルズルの関係に持ち込んでしまったのだった。

野口先生は、「ワン・オクロック・ジャンプ」のオリジナルSP盤を、何時か、どうしようもない彼にあげようと決心していたらしい。野口先生は「納まるところに納まるべきだ」とももらしていたが、さほどのコレクターでもない彼は遠慮してそれを固く辞退していたのだった。

一計を案じた野口先生は、一九八〇年（昭和五五年）春、カウント・ベイシー楽団六度目の来日の折に、カウント・ベイシー本人の目の前で、この「ワン・オクロック・ジャンプ」のSP盤の贈呈式を仕掛けたのだ。こうすれば質屋に入れるわけにもいくまい。

場所は同じ新宿厚生年金会館のステージであったが、つい今しがた「ワン・オクロック・ジャンプ」のクロージングテーマを演奏して下がって来たところをつかまえて、野口先生はそのSP盤をカウント・ベイシーに見せた。サインはその時に貰ったものであるが、ベイシーはフレディ・グリーンを眼で呼び、二人揃って面白がってそのSP盤を手にして何やら喋っていた。

四十数年前にこのSP盤に吹き込んだ当の二人が今、目の前で同じ曲を演奏して、そして笑って立っているのだ。感無量とはこういう光景をいうのだろう、と元ドラマーのジャズ喫茶のマスターは眼ガシラが熱くなった。

やがて、ベイシーは眼を丸くしてオドけた表情で「あの頃はヒドかった。こん時のギャラだってまだ貰ってない」といったのだ!! 「ホ?」と眼が点になったジャズ喫茶のマスターと野口先生に向かってベイシーは、さらにこういった。

「今は良くなった。みんな良くしてくれる。泊まるところも苦労しなくていい」

高橋竹山《たかはしちくざん》みたいなことをいい出した。

デッカのカウント・ベイシーといえばマニア垂涎の名盤としてジャズ史上に燦然と君臨している破格の存在で、録音だって文句のつけどころがないほどいい。

そこへ、生身のベイシーのこのお言葉。

彼らが生きて来た現実の凄さがドーン! と来て、その迫力にジャズ喫茶のマスターは一瞬目の前がクラクラしたようだった。

オタオタしながらも、とにもかくにも贈呈式を挙行する野口先生。クラクラしながらもそれを受け取るジャズ喫茶のマスター。笑って肩に手をかけるカウント・ベイシーとフレディ・グリーン。

ジャズ喫茶「ベイシー」の柱に「DECCA」と大書《たいしょ》された一枚のSP盤が引っ掛けられている。

これを眺めていると、しまいには泣きベソをかきたくなってくるのだと、そこのマスターはいう。

[CHAPTER.V]

17 エリック・ドルフィーのおコトバ

〝When you hear music, after it's over, it's gone in the air. You can never capture it again.〟

「音楽は終わると、空中に消えてしまう。もう一度取り戻すことはできない」

といって死んじまったのはエリック・ドルフィーだ。ジャズファンなら誰だって知っている。

これは彼の一九六四年（昭和三九年）六月二日吹き込みの有名なアルバム『ラスト・デイト』の最後に、彼自身の肉声で語られる言葉だ。

同月二九日にベルリンで客死《かくし》したドルフィーは享年三六歳であったという。

ドルフィーは死んで、アルバムだけは結構な枚数を残した。

ぼく達は、このアルバムの中からドルフィーの音楽を「もう一度取り戻す」ためにヤッキになってきたわけであるが、ハテ？　彼は「もう一度取り戻すことはできない」といっている。

本人は「これっきりよ！」と思って吹いた音をマイクは拾っており、我々はレコードを介してこれをかなりの迫真の音で何百回となく「取り戻し」てきたつもりだ。

「どうなってんだ!?」と、イライラする前に少し落ち着いて考えてみよう。

〝タイプ〟だと思う。

スタジオ・ミュージシャンだとか、今ならマンハッタン・ジャズ・クィンテットのようなグループだと、「レコードを作るため」に演奏するわけであるから、手を加えようが出来上がったレコードが〝作品〟であり、これをいっぱい買ってもらって何回も聴いていただきたい、と思うだろう。

それはそれでいい。

しかし、エリック・ドルフィーやジョン・コルトレーンみたいな〝タイプ〟は、セッションにもよるけれど、ほとんど「オラ、これっきり死んじまってもいいダ」みたいな演奏をやってしまうのではないか？

この場合、レコードは結果として残るのであって、目的でもなければ〝作品〟でもない、いわば彼らにとってはむしろ、ありがた迷惑なものなのかもしれない。

演奏した時の彼らの精神構造の中にはきっと「これっきりだ！」という気分があって、取り戻すなんてことはハナから組み込まれてはいないのかもしれない。

だから、結果的には、そうした音楽の現場の片鱗をぼくらはレコードによってかなりいいとこまで掴んではいるが、残りの部分は「いかばかりか」と想像を働かせなくてはなるまい。

「レコードを聴く」という行為は、取りも直さず、「想像を働かす」ということなのだから、これは疲れて当たり前なのだ。

疲れないようなレコードの聴き方は怠慢なのであって、顔つきに表れる。

「グッタリとした心地よい疲れ」を求めて人は遊びを求めるのではなかったか？

〃過激〃な聴衆は時として演奏者を上廻るものであるが、〃過激〃なスピーカーがめっきり減ってしまったのも、そうでない聴衆のニーズにメーカーが応え過ぎたせいだろう。

だんだん八つ当たりみたいになってきた。

エリック・ドルフィーは、〃過激〃なレコードをたくさん残したが、今ではこれについて来られる人はめっきり減った。

実物のドルフィーは、とても心の優しい人だったという。


さて、ところで本当に「一度出した〈音〉は、二度と取り戻せない」というのは、実は我々〃オーディオマニア〃のことをいう。

スピーカーから出た〃いい音〃こそ二度と帰らぬものであり、これを記録する方法はない。うまくいって〃伝説〃が残るだけだ。

「岩崎さんの音は凄かったよ」

「どんな音だったの?」

「とにかく凄かったよ」

「……」

18 ジャズ喫茶の力

レコードを真面目に聴かせる「ジャズ喫茶」という変な店の形態は、日本が世界に誇っていいものだとぼくは思っている。

何故かというと、アメリカのように〝生《ナマ》〟しか聴けない店だけだと「ジャズとはこんなものか」と、コルトレーンもモンクも知らずに大きくなる若いモンがほとんどになってしまうかもしれないからだ。

もちろん個人でレコードをいっぱい買って〝勉強〟を怠らない人は何処の国にでも何人かはいるだろうが。

「本」には図書館、「絵画、彫刻」には美術館、「古道具」には博物館というものがあって、行けばその分野の歴史をさかのぼることができるが、〝一見《いちげん》さん〟にコーヒーは出てこないし、タバコもおおっぴらには吸えない。

その点でも、我が国のジャズ喫茶は実によく出来ていると思うのだ。

ただ、日本人はそのことに慣れっこになってしまっており、完全にそれを失うまでそのありがたみに気づいていない。

私事で恐縮だが、ぼくはかつて大学受験で上京した折、東京に着いたその日に新宿の「木《もく》馬《ば》」というジャズ喫茶に直行したのであったが、その日のうちにジャズ喫茶のありがたみを完全に把握してしまったために、ズルズルと〃三浪〃するハメにも陥ったのだった。

　今になって思うのだが、日本のジャズ喫茶というのには、シビレまくる客はおろか、ニガミ走っている店主さえ気がつかない、何か、オソロシイものが存在していたのではないか⁉

　つまり、常識では考えられない業種に「好きだから」という理由だけで手を出したのが、いつの間にか形態としてのジャズ喫茶が出来上がって、日本全国に定着しちまったのであって、そーゆーことが（どういうことかわからないのだが）、個人レベルの一商売として日常的に行なわれてきたことが、今では〃凄い〃と思うのだ。

　ありもしないことだが、もし、これクラスの精神レベルのコトを意識的に起こそうとするならば、都道府県、全国各市町村が寄ってたかって一大プロジェクトを組んで、いくら会議を重ねても到底無理であろうと思われる。

　説明するのは難しいが、ハッキリしているのは、ジャズ喫茶に力を貸しているのは、レコードに込められた多くのジャズ・ジャイアンツの力だということ。

　こうなったら私ゃ、徹底的に、その〃取り次ぎ人〃でいきたいと思っている。

19 オイル騒動――リン・ソンデックLP12

リン・ソンデックLP12というターンテーブルをぼくはこの十数年来愛用している。

レコードプレーヤーの部分にウンと凝る人がいるが、ぼくは割とズボラな方で、用が足りれば、特別不満が起きない限り、もっと高価なものにグレードアップしようなどという気はサラサラ持たない。

もっといいものが、世の中にはきっとあるのだろう。

片っぱしから漁ってみるのもひとつの手ではあろうが、〝何かの縁〟を大事にして、長い間ひとつのものを手元に置き、長所も短所も知り尽くした方が勝負に利がある場合もある。

いくら聴き較べ〝試聴〟をしてみたところで、オーディオで完璧な〝試聴〟などあるはずもないからである。

あまり古い話は省略するが、この二十数年の間に、ぼくはガラード401とデュアル1219を結構気に入って長く使った。

15インチ・ウーファーをダブルにしたり、低音を野放図に出そうとしたぼくは、ガラード401のS／Nに限界を感じ、ま、これとて調整不備だったのかもしれないと今は思うが、短期間デンオンのDP3000を使ってみた。S／Nに関しては問題はなかったが、ぼくはどうもダイレクトドライヴのターンテーブルはあまり好きではない。これはまだいい方であったが、もっと〝高価〟なものでヒドイ音も経験している。

ある雨の降る日であったが、店の外の電信柱のトランスにカミナリが落ちた。

中と外は電線でつながっている。

あろうことか、カミナリの音が外からではなく、中のスピーカーから直に聴こえた!!「ドカーン!!」というまだかつてこのスピーカーから出したこともない大音響が店内に鳴り響いた。

こんなことは滅多にあるものではないのに、運悪くその日たまたま一人で遊びに来ていた友人のタモリは、スピーカーの直前で聴き入っていたために椅子ごと一メートル後ろにふっ飛んでしまった。ふっ飛んだタモリは放っといて、ぼくはスピーカーの元へ走ったが、幸い、ＪＢＬのスピーカーにもアンプにも、タモリにも外傷はなかった。

ただ、ダイレクトドライヴのターンテーブルだけがイカれて、いつまでも超高速回転していた。

それで、ガラード４０１を使いながら、何かいいプレーヤーはないものかしらとアンテナを張っていた。

宝クジは買わなければ当たらない。アンテナも張っていないと信号はやって来ない。『ステレオサウンド』の後ろの方の小さい記事にふと目が止まった。

リン・ソンデックＬＰ１２
型式……ベルトドライヴ33回転専用
ターンテーブル……亜鉛合金４・１キロ（イギリス製）

こんなものであったと思う。

例によって、ぼくは、見も聴きもしないで発注するわけだが、「いろいろと聴き較べてみて、家内と相談した上で……」などとトロイことをいってるようでは一生ロクなものは掴めない。〝ピン〟と来たものだけ買っておれば大きな間違いではないのだ。第一、仮に間違っても誰も責められない。

荷が届いた日、ぼくはいたって冷静であった。

先に述べたＪＢＬのＳＡ６００を買った時のような、極楽浄土《ルンルン》の気分とはほど遠い。〝ピン〟と来たといっても、ハズレてもともと、駄目だったらトーレンスだってＥＭＴだって、信用できる名門プレーヤーがいくらでも控えている。

亜鉛合金のターンテーブルだけは、なるほど、手に持ってズッシリと重く、間違いなくイケる感触であった。しかし、そのほかはいたって情けないたたずまいで、特に肝心のフォノモーターは小さくて、ブリキのオモチャに入っていた「マブチのモーター」みたいなものに見えた。

ケースもついてこなかったので、裸で立ててみると、五本のボルトが脚がわりになってほぼ水平に立った！

これなら一応レコードをかけても大丈夫だろうと思って早速やってみた。

SA600の時は、いたわるようにヴォーカルのレコードから静かにかけたが、今回はハナから、ロイ・ヘインズのインパルス盤『Out of the Afternoon』のB面一曲目「スナップ・クラックル」をいつものボリュームでいってみた。

ぼくが冷静だったのは失礼ながら、レコードをかける前まででであった。

ロイ・ヘインズのひっ叩くラディック・ドラムの乾いた音がいきなり「パカーン!!」と小気味よく鳴り響いた!!

何コーラスもいかないうちにぼくは「これはなんたるプレーヤーだ!!」とすでに冷静さを欠いていた。

もちろん、マイルス、コルトレーン、ベイシー、エリントン、サッチモ（ルイ・アームストロング）と片っぱしからかけてみたのはいうまでもない。

非の打ちどころがない、それは鳴りっぷりであった。

音色が美しく、音の彫りが深く、ヴィヴラートがよくかかり、余韻が最後の最後までキレイに残り、ピッチがしっかりとしていて、大音響の中に静寂が聴こえる。

そして、正確にスウィングした。

だからいったでしょ。〝ピン〟と来たものだけ買っとれば良い、と。たった六万五〇〇〇円の出費であった。

この時のトーンアームとカートリッジは、いうまでもなく、SME／Model 3009 seriesII Improved non-detachable shellとシュアーV15／TYPEⅢのコンビである。

なんの不満もないから、そのままケースも買わずに〝裸〟のまま十数年が過ぎたのだ。

実はその間、このプレーヤーの生みの親であるリン・プロダクツの社長、Mr.アイバー・テーフェンブルンが二度ほど「ベイシー」を訪れて音を聴いていった。彼とは、このプレーヤーの良さを広めるための雑誌の対談などもすでにやっており、一応気心の知れた仲だ。

平泉、中尊寺を案内した折、帰り路であったが、路の左手に鉄筋コンクリート造りの宝物殿の背中側が立ち並び、右手は人手の入らぬただの山並みが連なっていた。

ぼくは、「レフト・サイドより、ライト・サイドの景色の方が好きだ」といったのだが、Mr.アイバーは「レフトは人間が造ったものだが、ライトは神が造ったものだ」とすかさず返した。

スコットランド人特有の皮肉の効いたキツイ話を彼は連発するのだが、ぼくにも、「頼むからケースに入れてくれ。ケースに入れたLP12がリンの音だ」と注文をつけた。

だから、LP12をご愛用の皆さん。

〝社長〟がそういうんだから、LP12はちゃんとケースに納めて使いましょう。

ぼく!? ぼくのことは放っといてもらいたい。

LP12の話をしたついでに〝オマケ〟をひとつ。

あのプレーヤーは、ターンテーブルの軸受けがオイルバスになっており、そこへ、指定のオイルを注文して使うことになっているのは愛用している人なら誰だって知っている。

最初は、半透明がかったオイルであったが、何年か前から黒っぽいオイルに変更されて純正パーツとして今売り出されている。

それでなんの不満も覚えない人はそれでいいのであるが、ぼくの場合に限っていえば、以前のオイルの方が良かったと思う。アバレが圧《おさ》えられて、測定上の特性は良くなったのかもしれないが、どうも音楽がスウィングしなくなったように思うのだ。

それでぼくは、手近なところでミシンオイルを入れてみた。

音色も美しいし、スウィングもする。

これでいいんだったら楽なもんだ、と思っていた。第一、べらぼうに安い。

うまい話には落とし穴がある。最低音が、キレイに出なくなるのだ。それで余計スッキリした音に聴こえたのかもしれない。

滅多に人に相談しないぼくが、たかが油と思ってそっちこっちの人に電話をしてみた。

まず、以前の指定オイルは在庫がないらしいことがわかった。

世間にこんなに油に詳しい人がいたのかとビックリするほど様々な意見が寄せられた。

ご存じ、深海ザメの「スクアラン」がいいという人がいたのでやってみた。

〝滑り過ぎ〟という感じがした。音にタメが利かなくなり、音楽がズルズルと流れるのだ。

ベイシーやエリントン楽団のテンポというものは、例えば車でいうと、同じ一〇〇キロのスピードでも、サードで走る一〇〇キロのフィーリングであり、オーバートップで走る一〇〇キロのフィーリングとは別物なのだ。

後者のフィーリングは、白人ダンスバンドなどのノリがほとんどそれだ。

ジャズにおけるタメの極意を知りたかったら、サッチモとカウント・ベイシーの〃四分音符〃を耳をかっぽじって何年間も聴くことだ。——何時かわかるだろう。

深海ザメも駄目で、次に、コンピユータ用だとかいう「アルファオレフィン」を入れてみた。こっちは〃サメ〃と正反対で、スウィングしない上に音の抜けも悪く、音楽がかったるくてタバコの量が増えるだけであった。

一関から車で三〇分くらい行った、宮城県の佐沼という町に「エルヴィン」という、オール・ダイヤトーンの大型3ウェイを自作の真空管アンプでマルチ・ドライヴしているジャズ喫茶がある。そこのマスターである安藤君は元暴走族だっただけにオイルにやたらと詳しい。

彼は乱暴にもいきなりオートバイ用のチューブ入りグリースを軸受けに入れたものだ!!

さすがに硬過ぎたとみえて、それにナショナルの子供用シェーバーについてきた薄いオイルを数滴たらしたらちょうど良くなったと、電話がきた。行ってみるとなるほど低音がドスドスと重く鳴っていた。あの種のグリースを混入すると、とにもかくにも低音が出るらしい。

同じチューブを一本貰って帰ったぼくは早速やってみた。ぼくはナショナルの子供用シェーバーを持っていなかったから、ミシンオイルとの混合比をいろいろ変えて繰り返しやってみた。ストレートのミシンオイルだと、音の重心が少し上に上がってしまうのだが、グリースを少し混ぜてやると次第に低音が出始めて、重心が下がってくるのがわかる。いき過ぎるとゴツゴツしたいただけない低音になってしまうので、なかなか配分が難しい。

ようやく気にならない音になったところで一夏を終えた。夏を越したオイルは活きが悪くなったろうと思ってもう一度やり直したら、元の配分がサッパリわからない。

こんな怪しいことをオレはやっていていいのか？　と、もちろん自分に対して批判的にならざるを得ないが、別に遊んでいるわけではない。現に、プレーヤーなり、アンプなりを取り替えたほどにジャズの鳴り方が変わる以上、途中で止めるわけにもいかない。

ぼくは、その頃カウント・ベイシー楽団のOBを可能な限り集めたビッグバンド、フランク・ウェス・オーケストラの興行を一人でかかえていた。前年度のこのベイシーOB楽団のライヴは「ベイシー」の店内でやったから一〇〇人もお客さんを集めれば済んだが、これは市民会館の大ホールだったから、それからわずか一ヵ月足らずで一二〇〇人のお客さんを集めなければならなかった。〈音〉は大事だが、油の調合などで手間取っていていいのか、いったい!?

サテ、どうなるんだろう、と誰も心配はしてくれないが、ご安心。とうとう抜群！　のオイルをぼくは見つけたのだ!!

このオイルを注入して、手でターンテーブルを廻した時、「あ、これは……」最初のリンのオイルと同じものだと直観した。さんざんやったあとだったので手が、スタイラス（針）が感じるフィーリングを読み取ってしまったらしい。

ロイ・ヘインズのインパルス盤『Out of the Afternoon』をかけてみた。

「パカーン!!」と乾いた小気味のいいラディックのスネアドラムの音が、空気を震わせて鳴り響いた。

20 サド・ジョーンズの想い出

サド・ジョーンズのことをよく思い出す。

若い人は、サド・ジョーンズをメル・ルイス・オーケストラのリーダーとして知っているかもしれない。イカしたバンドだったが、サドもメルも、今は亡い。

ぼく等は、それ以前のサド・ジョーンズをよく知っている。

彼は、一九五四年（昭和二九年）にカウント・ベイシー楽団に入団して、六三年までの約一〇年間をベイシー楽団で過ごした。

この一〇年間というものは、取りも直さずベイシー楽団にとっても〝第二期黄金時代〟と称された、クレフ（ヴァーヴ）・レーベルからルーレット・レーベルの時代を含んでおり、レコード上でも数々の名盤が残されている。

そしてそこに、先輩格のジョー・ニューマンと張り合った若き日のサド・ジョーンズの、モダンなトランペット・ソロをたくさん聴くことができる。

ワイルド・ビル・デイヴィスのアレンジで有名になったベイシー楽団のオハコ「April in Paris（パリの四月）」の例の奇抜なトランペット・ソロもサド・ジョーンズのものであるが、初吹き込みの時、ベイシーは何度もサドにやり直させたらしい。十何度目かに、ヤケクソになったサドは、一番最初と同じソロを吹いたらベイシーは、やっとニンマリ笑って「ＯＫ！」といったというのだ。

サドの奇抜性がやっとベイシーに理解できたのか、面倒くさくなったのかはぼくは知らない。サドは、フランク・フォスター、フランク・ウェスと並んで当時のベイシー楽団にヒップなスコアをたくさん提供もしている。

何はともあれ、ジョー・ニューマン、スヌーキー・ヤング、サド・ジョーンズ、ウェンデル・カレイというトランペット・セクションは、三〇年代〝第一期黄金時代〟のバック・クレイトンやハリー・〝スイーツ〟・エディソンが覇を競った頃と並ぶ〝黄金のトランペット・セクション〟だったといえる。

残念なことに、一九六三年（昭和三八年）五月のカウント・ベイシー・オーケストラ初来日の直前にサドはベイシー楽団を退団した。そのため、我々が〝生〟のサド・ジョーンズに対面するのは、そのずっとあとになってからのことであった。

カウント・ベイシーが亡くなったあと、ベイシー楽団の新リーダーにサド／メル楽団を辞めてボンヤリしていたサド・ジョーンズが指名された。

その時サドは「俺がやるからには半端なことはしない。立派なバンドにしてみせるぜ」と頼もしい言葉を吐いた。

一九八五年（昭和六〇年）の春にベイシー楽団のリーダーに就任したサド・ジョーンズは、その年の秋に、期待を一身に集めて日本にやって来た。

ぼくは、サド／メル時代のサドとは直接会っていないので、この時初めてサド・ジョーンズと握手を交わした。フレディ・グリーンやソニー・コーンが「〝スウィフティー〟といって、チーフといい友達だった」といってサドにぼくを紹介してくれた。「チーフ」とはもちろんカウント・ベイシーのことだ。

先代様の縁で、サドとぼくはすぐさま気の合う仲となったが、加えて、サドの実弟のエルヴィン・ジョーンズと、実兄のハンク・ジョーンズとはすでにぼくは仕事をしていて、これでポンティアックの「ジョーンズ三兄弟」全部とぼくは付き合いができた。

サド・ジョーンズがリーダーとなった、カウント・ベイシー・オーケストラの最初の音を、ぼくは、初日の赤坂プリンスホテルでのディナーショーの開演前のリハーサルで聴いた。

ベイシーは、ドラマーとベーシストにしか文句をいわない人であったが、サドは、ホーン・セクションのアンサンブルに非常に細かな指示を与え、緻密なサウンドを要求していた。ノリ一発にかけてきたベイシー楽団にとって、これはいいことか悪いことかは別問題として、物凄く綺麗なサウンドであった。

本番になって、ぼくは、近くのＴＢＳで仕事をしていた〝オーディオマニア〟のタモリを電話で呼び、二人でダンス・タイムにバンドのド真ん前に出てって立って聴いた。

「この音をスピーカーから出してエな」

「無理ですヨ」

「いや、出せる」

「第一、レコードに入ってませんヨ。こんな音」

「いや、入ってる」

などと耳打ちをしながら聴いていたのであるが、後ろをふり向くと、先程まで踊っていた人達が皆席に戻っており、突っ立って聴いているのはボクら二人きりであった。

数日後、ぼくはバンドと一緒に岩手県の花巻市民会館でのコンサートに行くことになったが、サドが、「向こうは寒いか?」と聞くので、「たぶん、雪だ」と答えると、サドは熊のようにモコモコしたコートをはおって親指を立てて笑ってみせた。

東北新幹線が盛岡に近づくと本当に雪が降ってきて、バンドのメンバーもみんなで「雪だ雪だ」といって外を眺めた。ぼくも、その年初めて見る雪景色であった。

公演は花巻市であったが、宿は盛岡のニューカリーナホテルを二晩とってあった。支配人のTさんというのがジャズ狂で、いろいろと良くしてくれるのだ。

到着した日の夜中であったが、ぼくは電話のベルで起こされてサドの部屋に行ってみた。「腰が痛くてたまらん」といって、サドはホテルに到着した時のままの服装で部屋の中をウロウロと歩き廻っていた。

どうやら一睡もしないでずっとそうしていたらしい。時計は夜中の二時を廻っていたが、友人の医者に電話をしても誰も出ない。仕方なく、救急センターに電話すると、往診はしないので来てくれという。

痛がるサドをタクシーに押し込んで救急センターまで行ったのだが、〝救急〟という割には受付の窓口のオジサンがまどろっこしい。「名前は?」「国籍は?」「職業は?」と全部聞かれて仕方なくぼくが全部答えた。

「大変な人だから」と一言いえば全部済むと思ったぼくが世間知らずというべきだろう。「そんなものはこの際いいから」というのにレントゲンまで撮るという。

レントゲン台でサドの巨体は小山のように見えた。

廊下の長椅子に二人で腰を下ろして情けなく現像が上がるのを待った。

「すみませんが」と若いレントゲン技師がすまなそうに白衣を着て出てきた。

失敗したので、もう一度撮り直すというのだ!!

「今度はカラーで撮るの!?」と、ぼくはウンザリしたが「One More Time! だってヨ」とサドに向かって人差し指をベイシーのように立てると、さしもの人格者もやっぱりウンザリした顔をした。

苦心のレントゲン写真を見た別の若い医師は「骨に別段異常はないようですね」というので(ハテナ?)とぼくは思った。

なんにしろ、翌日のコンサートのために今夜は早く眠らせてほしいのだと伝えると、肩とお尻に注射を打ってくれた。早い話、ハジメから受付でこれをやってほしかったくらいだ。

注射は即効性がある。痛みもとれた上にハイになってきたサドは、ようやく持ち前の陽気さを取り戻し、笑ってベラベラと喋り出した。

ちと遅いのだが、その頃になってやっとこの米国籍の患者《クランケ》は〝大変な方〟でいらっしゃったということが深夜の診察室に知れ始めてきて、若い可愛らしい看護婦さん二人がサインを求めてきた。診察に当たった医師もそれに続いたが、差し出された紙は色紙ならぬカルテ用紙であった!!

喜んでサインに応じたサドは、書きながらぼくの顔を見て「この病院は大変いい病院だ」と断定して「ニッ」と笑った。

ホテルの部屋に戻ってもサドのお喋りは止まらない。

「寝ないと、もたないよ」というと、「わかったわかった」といって服を着たままベッドに倒れるやグーグーとイビキをかいて眠ってしまった。余程疲れていたのだろう。

一人取り残されたぼくは寝損なってしまい、外に出てホテルの近くを歩いてみた。まだ明るくならない空に雪が舞っていた。

翌朝のサドは、人の心配をよそに大変元気で、同行のジョー・ウィリアムスとホテルのロビーで歌など唄っていた。

ジョー・ウィリアムスもサドと同様、一九六三年のベイシー楽団初来日の直前にバンドを離れて独立。ジョーの代わりにジミー・ウィザースプーンが来日して歌ったのであった。

生え抜きの〝ベイシー・アイト〟であるこの二人は、皮肉なことにカウント・ベイシーと一緒に日本に来たことは、だから一度もなかったのだ。

その夜の花巻のコンサートでは、サドは何事もなかったように元気いっぱい、茶目っ気いっぱいバンドを指揮し、満員の聴衆を大いに沸かせた。

後ろの通路に立って聴いていたぼくは、（やるもんだなア）と感心しながら、寝不足の目をショボショボにしてサドの身体のことを心配していた。

——サドの訃報を受け取ってからしばらくして、エルヴィン・ジョーンズ夫妻からの手紙で、サドは、あの雪の夜の一件をしきりに話し、日本をとてもなつかしがっていたことを知った。

[CHAPTER.VI]

21 音の〝八割打者〟の泣きどころ

ジャズ喫茶という商売柄、ぼくは実に多くの種類のレコードをかけなくてはならない〝宿命〟を負わされている。

一九二〇年代は稀にしても、三〇年代にはデッカのカウント・ベイシーや、サッチモ、エリントンとかなりの頻度でかかり、よくかかるライオネル・ハンプトンの名盤『スターダスト』、サッチモの『サッチモ・アット・シンフォニー・ホール』だって四七年の録音。五〇年代に入ると、これはもうジャズ喫茶における〝震源地〟みたいな時代であるから、五〇年代の半ば頃からコルトレーンの死ぬ六〇年代の半ば頃までは一番の中心部を成している。そして、このあたりまでは録音も非常にまともであるから、こちらもまともに取り組みやすい。特に、五六年から五八年あたりは、ジャズの録音のさしずめ〝ヴィンテージ〟といった感があり、多くの名演と名録音が一体となったレコードが密集していて、レコード史上、一番完成度の高かった時代、という印象をぼくは持っている。

いただけないのは、そのあと七〇年代あたりから、ウッドベースにアタッチメントマイクを取りつけ始めてからだ。

ブルン・ブルンいっていたベースが、ダーダーのたれ流しになり、スウィングしなくなった。

グループの音色的なハーモニーも雑になってしまった。加えて、マルチマイク録音が流行り出し、一人のドラマーに七、八本のマイクを使うのは常識となった。ビッグバンドも全員マイクのお世話になるようになる。こうなるともう、音色的ハーモニーに破綻をきたし、奥行きのないウソ臭い音を聴かされるようになってきた。

エルヴィン・ジョーンズが何度目かに「ベイシー」に来た時に、当時のコルトレーン・カルテットにベースのジミー・ギャリソンを参加させた時のいきさつを、ぼくはたまたま聞いた。「彼のサウンドが我々のグループのサウンドにピッタリだったからだ」と、ドラマーであるエルヴィン・ジョーンズの口から出た！　凄い、とぼくは思った。エルヴィン・ジョーンズのドラムス、ジミー・ギャリソンのベース、マッコイ・タイナーのピアノ、そしてリーダーであるジョン・コルトレーンのサックスと、この〝史上最強〟を誇ったカルテットを支えていたものは、やったことも凄かったが、グループ全体の破綻のない音色的なハーモニーだったのだ‼

さて、時代は八〇年代を通り越して今や九〇年代の〝現在〟となった。

グチをいっているのではない。いいたいのはこっから先だ。

ぼくは、これらの全部のレコードを、言い訳なしで、リクエストに応じて、かけなければならない立場にあるということだ。たったひとつのオーディオ装置で——。

このつらさをわかっていただきたい。

一方では、好きなレコードさえ良く鳴ってくれれば良い、という立場の人もいるだろう。それはそれで良い。そういう人の音をぼくも聴いたことがあるが、それはそれは素晴らしい！　その限られたレコードをかけられたら到底太刀打ちできない音を、ぼくは何度か聴かされている。

しかし、である。限定したレコードが必要以上に良く鳴った場合、ぼくの場合は逆に警戒をする。本来ならば、そこまで良くないかもしれないものを、本人の思い入れと、感情移入過多でソコまで良く鳴らしてしまうと、正反対のものが来た場合、それがマイナスの要因となって作用してマズイことになるケースもあるからだ。

本来あるがままに鳴らすには、残念なことではあるが、出るのはわかっていても退かねばならぬ場面にたびたび出くわす。

つまり、泣かねばならぬことがたくさんある。このところをわからない人、あるいはわからなくて済む人は幸せというべきだろう。その人にとって、まことに素晴らしい音楽が鳴り響いているには違いないからだ。

置かれた立場上、ぼくの場合、どう対処しているかというと、先に挙げた五〇年代半ば頃から六〇年代半ばを中心に置いて、前後二〇年間くらいの録音をなんとかうまくこなせるように、祈っている。

だからぼくは、ある特定のレコード数枚では負けても、一〇〇〇枚以上のレコードをランダムにかけて勝負したら次第に順位が浮上してくるだろう〈音〉を、ずっと狙ってきたのだ。更に、ウィーン・フィルが美しく鳴らないようでは、カウント・ベイシー・オーケストラも本当の音では鳴らない、とさえ思っている。

〝十割打者〟はハナから無理である。ぼくは、どんな変化球が飛んできても〝八割〟は打ち返したいと思っている。その場合、明らかに〝暴投〟と思われるものはムキになると損をするから〝見送る〟という手も使うし、ド真ん中に来たら、たまには〝場外ホーマー〟も打ちたいという、甚だ欲張った考えだ。

他に欲はない。せめて〈音〉だけはめいっぱい欲張っていいのではないかと思うのだ。

そしてぼく自身は、よそへ行った場合、「これしか良く鳴らない」という〈音〉を聴きたいと願っている。

本当は、そっちの方が魅力的だということを知っているからだ。

22 眼薬、綿棒、堅焼き醤油せんべい

能率100デシベルを軽く超えるJBLの大型3ウェイ・マルチスピーカーシステムは相手にとって不足はないが、〝レベル調整〟と〝位相調整〟には手を焼く。

完成品の名器をお使いの方は、この、スピーカーシステムの位相調整の苦労はあまり経験しなくて済むのでアタマがおかしくなる心配はない代わり、ある部分〝勉強不足〟で生涯を終える。そのほうがまだマシかもしれない。

何も、好き好んで余計な苦労を背負い込むこともないのだし、第一、誰だって一日も早く安心して音楽を聴きたいと願っているはずだからである。

オーディオに限っていえば、初めから楽な道はいくらでもある。そんなことは百も承知で何故にかくも多くのオーディオマニアは本末転倒した人生を送っているのであろうか……。

苦難の道を突き抜けたその先に、パアーッと明るい、見晴らしの良い素晴らしい世界が開けるものと信じて疑わないからに他ならないのだが、果たして本当なのだろうか？

釣り人は、しまいに〝鮒《ふな》釣り〟に還るという。わからんでもないが、それはあんまりではないか⁉　最後はフルレンジスピーカー一発に還れ、というのか⁉

丈夫な部屋を造り、片チャンネル一トンもあるエンクロージュアを作り、スピーカーと位相

とレベルの調整は、いわば最後の詰めみたいなものである。他にもあるけれど、である。

2ウェイのレベル調整はいたって簡単である。スコーカーのレベルを、上げるか下げるかだけであるから。

3ウェイになると話がチトややこしくなってくる。

トゥイーターの出す超高域の音というものは、耳鼻科的にいってほとんど聴こえないところで、それでいて音全体の在り方を左右しているからだ。例えば、シンバルの音をもっと前面に出したいからといってトゥイーターのレベルを上げる人がよくいるが、シンバル・レガートのスティックのあたるファンダメンタルな音は、一般に思われているよりはずっと低いところにあるから、トゥイーターのレベルを上げ過ぎると、この「カツーン!」というスティックの当たる音は逆に奥に引っ込んだりすることがある。

で、たとえ話でいっているのだが、そのような場面を迎えた場合、考えるのは「トゥイーターのレベルを下げようか」あるいはトゥイーターはそのままにして「スコーカーのレベルを上げようか」この二つのうちのどちらかなのであるが、どっちが正しいのかは実際のところやってみるまでわからない。これがもし本当に全体的に詰めの段階にさしかかっていた時だとすると、たったこれだけのことで、オーバーにいうと、「生きるか死ぬか」の瀬戸際に立たされたような緊張した顔つきになって数日を過ごすことになる。

思い悩みには所詮限界がある。

何を待って数日を過ごすかというと、オーバーついでにいうと、この場合〝天啓〟を待つのだ。

一日、四、五十枚のレコードをかけたあと、夜半に店のシャッターを下ろしてそれからまた聴きまくるわけだが、低・中・高のスピーカー間のタテの位相が少しでもズレておれば正しいレベルは掴めない。正しいレベルを掴まなければ正しい位相位置もまた掴めない。話は少し前段階に戻るのだが、まずここが一番の〝難関〟で、この両者の首ねっこを掴まえるのは、揺れる小舟の上で積み木をしているような心もとなさである。

一日の商売を終えた深夜ともなれば、ジャズなどもう聴きたくもなく、できることならブラームスでも静かに聴きながらコニャックの一杯も飲みたい心境だ。

しかし、そういう日が来るまでには突き抜けなければならない〝仕事〟がある。

誰しも深夜に大音量はゴメンだが、これは、通常の営業状態で聴く音量でやらないと駄目で、ジャズのスウィング感だとか、ノリだとか、アタック感というものを動的な状態で掴まないと、翌日フタを開けたらどこにも通用しないようなシラーッとした情けない音に仕上がっていたりすることが往々にしてあるからだ。

自分の気分を裏切って、誰もいないのに聴きたくもないレコードまで大音量でガンガンかけなければいけないこの身の上話をいったい誰に話せようか!!

スピーカーの位相を合わせるには、スピーカーに鼻がぶつかるほどにツラつき合わせてやるわけだから、本来なら一メートル以内には近づきたくないこの大音響の中に「エイ!!」と気合いを入れて飛び込む覚悟が肝心だ。不用意に近づくと耳をやられるが、覚悟の上だと、滝の裏側に飛び入ったような妙な静寂すら感じられるところが不思議だ。

「火もまた涼し」という、あれかもしれない。

〈音〉を見ようとするから、最初耳より眼が疲れる。眼が疲れたら眼薬をさせば良い。そのうちに、何のかんのいってもやっぱり耳が熱くなってくる。綿棒を氷水か水割りのグラスに差し込んでおいたもので耳の中をかっぽじると少しは冷えて楽になる。それでもイケナくなったら、堅焼き醤油せんべいみたいなものを奥歯のある人はなるべく奥歯で齧るのだ。アゴの振動が鼓膜に達し、一時的に聴覚を回復させる。スルメも効く。

やがて店の外に人の声や車の走る音が聞こえるのでシャッターを上げて見ると、たいがい外は平和な朝日が眼にまぶしい。

道行く人誰もが〝正常〟に見える。

こういう日々を一〇年も続けると、〈音〉はともかく、精神が丈夫になることをぼくは立証したのだが、次の一〇年は、さすがにみんなにアイソをつかされた……。

23 ウオの目とオーディオの類似性について

聞いた話ではあるが、某医大において、教授陣によるかなり大掛かりで厳重な検査の結果、「病名不明の奇病でアル」と診断された男の子が、下宿先から実家に帰り、お袋さんにモンダイの足の裏を見せたところ、「何よこれ、ただのウオの目じゃない!?」ということになり、庭に生えていたドクダミの葉を揉んだようなものをベタッと足の裏に貼っておいたら、わずか数日で完治してしまったという。

——一部始終をあとで聞かされたこの子の父親は医師であったが、「ガクゼンとしましたネ、私は」と嬉しそうに話してくれたのだが、複雑な笑顔であった。

話を聞いたぼくも大変嬉しそうに笑ったが、笑ってばかりもいられない。

医師にしてみれば、大学病院における近代医療の盲点という、由々しき一大事。

ぼくにしてみれば、生命に別状はないとはいうものの、笑いながらも例によってオーディオにからめた似たような事態を既にアタマの中で想定している。

ウオの目とオーディオとどういう関係があるのかというと……、ここで気づく人と気づかない人とでは先で大きく分かれる。

例えば、いくら高いモノに買い替えてもちっともいい音が出ない、という人が仮にいたとすると、というより現実にいるのだが、この場合の多くは、悪いのはキカイではなく自分のアタマだということに気がついていない。

高級な音を考えるあまり、ラジオ、テレビの音でも結構、音楽を楽しめたり、お笑い番組で笑ったりもできるのだということを忘れ、そういう〈普通の音〉を馬鹿にしているというか、度外視している。

自分は〝次元〟の違う〈音〉を考えているのだと信じ込んでいるらしいのだが、〝次元〟の違う音を狙うのは、ラジオ、テレビの音に勝ってからにしていただきたい。

ひっくり返して見ればわかることだが、ラジオ、テレビに内蔵されているアンプなど、いたって質素なものだ。それでも音は、原理的にはちゃんと出る。

パワーアンプだけで何十キロも目方のある、一〇〇万円もするキカイで、ロクな音が出ないといって、倍の二〇〇万円のアンプを狙う前に「待てよ？　何かがおかしい」と首をかしげてみるのがフツーの人の神経だ。

首をかしげるのが面倒だったら、せめてアンプの電源プラグを逆に差しかえてみるくらいのことは、最低やってみてからでも遅くはない。例えばの話。

それで全部が解決するほど世の中甘くはないが、四〇〇万円のアンプにまでエスカレートするよりはまだマシな場合だってあり得る。

アンプに限らず、スピーカーだったり、プレーヤーだったり、ソコが悪い、と思い出すと何処までもソコを責めたがるのが〝オーディオマニア〟といわず、人の常というものかもしれない。

この場合〝発病〟はとっくに起こっており、病状も次第に悪化の一途をたどっているのがハタにはハッキリしているのだが、本人には病巣の位置がわからない。アタマが悪いのに心臓を摘出したり、耳が悪いのに歯を抜いたって始まらない。それは、単なる〝誤診〟だ。

先の男の子だって、まともなお袋さんがいてウオの目と見破ったからいいようなものの、病名不明の奇病のまま入院でもしていたら転移を恐れた医師団は人命尊重の安全策を取って、取りあえず片脚を切断（！）していたかも、（かもですヨ）しれない。

それではチト大袈裟なことになっちまうだろう。

で、いくらカネをかけてもテレビやラジオのようなまともな音が出ない場合、原因、つまり本当の病巣はどこにあるのかという初期の診立《みた》てが、何よりも、まず一番肝心、ということだろう。

不幸なことに、先のお袋さんのようなまともな人はハナからソコまではやっておらず、ソコまでやっている者は皆すでに発病済み、という理不尽さにあるわけだから、かくいうワタシの吐くことなど決して信用してはいけません。

初歩的なミスさえ取り除けば、オーディオはランクの如何にかかわらず、いつだって楽しい音楽を聴くことができるハズなのだ。

タテジワを寄せる前に、も一度ものを簡単に考えてみよう、と今ぼくは自分に言い聞かせているところだ。

24 平凡な音のオソロシさ

ぼくの考える〈いい音〉というのは、割と平凡な音のことだ。

ロクハン（6・5）や、8インチの小型フルレンジスピーカーの音を、そのまま拡大したような音がいいと思っている。

小型フルレンジの音が好きな証拠に、ぼくはこの三十数年間に実に多くのフルレンジスピーカーを自家用として使った。

ステレオ初期のラジオを二台並べてクリスタル・カートリッジのプレーヤーで聴いていた時もロクハンが二発ずつ入ったラジオで、片方がナショナルで片方がゼネラルだった。

この、ラジオ二台並べたステレオ装置がいかにいい音がしていたかは、当時感動した音楽を挙げればすぐに思い出すことができる。

ひとつは、レッド・ニコルズの伝記映画、『五つの銅貨《ザ・ファイヴ・ペニーズ》』のサントラ盤で、ぼくは高校生の分際で、この映画がかかっている間、毎日映画館に通った。何回観ても同じところで涙を流した。

映画が去ったあとで、サントラ盤を買った。これも毎日聴いた。右のラジオからサッチモの歌が聴こえ、左のラジオからダニー・ケイの歌が聴こえ、そして真ん中の空中に娘ドロシー

（スーザン・ゴードン）の可憐な声がポッカリと浮かんだ。

ステレオとはなんといいものかと、その時心底思った。

サナトリウム時代には、このラジオでフルトヴェングラーの「運命」のライヴ演奏を傍受して涙したし、第一、ぼくの〝運命〟を決定づけたといわれるカウント・ベイシーの『ベイシー・イン・ロンドン』を最初に聴いてガクゼン!!　としたのも、考えてみればこの、ラジオを二台並べたステレオ装置の〈音〉であった。

人のその後の人生を決定づけるようなインパクトを与えたものが、決して〝立派な〟ステレオ装置ではなく、ただのラジオ二台を並べただけのステレオ装置であったところが重要だ。

物のない時代には、ちょっとしたことにでも感動できる。

それもあったとは思う。でもしかし、ぼくは思うのだ。

もしかして、本当に〈いい音〉だったのではないか!?　と。

考えてもみたまえ。型番も知らねど、ロクハンのフルレンジスピーカーが二本、背面開放の木製の大きめの箱に入ったラジオだ。しかも真空管のパワーアンプが内蔵されているのだ。クリスタルの高出力カートリッジから直接このパワーアンプに信号は送り込まれる。――今考えると悪かろうはずがないではないか!!　と思えるのだ。どころか理想的とさえ思えてくる。

ちなみに、このラジオ二台も、プレーヤーも今はない。ガールフレンドにあげちまったのだが、先に挙げたレコードはもちろん今でも全部揃っている。そして今でもよく聴く。

15インチが四発並んだＪＢＬの３ウェイ・マルチスピーカーを、同じく全部ＪＢＬのマルチアンプでドライヴする我輩の、今ではあの頃と比べようがないほど〝立派な〟ステレオ装置で、レコードだけあの頃と同じものを聴く。

「凄い！」といえば凄い音はする。しかし、涙が出ないのはどーしたわけだ⁉

歳をとって感受性がニブったたか⁉——何だか、ぼくにはよくわからない。いえることは、とにかく、そーゆーことだ、ということだけだ。

ダラシがないといえばダラシがない。ぼくはたぶん、ドン・キホーテみたいなことを延々とやってきたのかもしれない。

重ねて自分にもいおう。〝立派な〟ステレオ装置がなければ感動できないと思うのはとんだ思い違いだ。〈いい音〉さえすればいつだって感動するのだ。

そして、その感動させた奴は、きっと〈いい音〉だったに違いないのだ。

25　スピーカーケーブル狂騒曲

一五年ほど前に、スピーカーケーブルに凝ったことがあった。

何を替えても音が変わるのがオーディオであるから、当然スピーカーケーブルを替えれば音は変わる。

変わる以上は、もっといい音が出るのではないかと途中で止められなくなるのが人情だ。

今では、オーディオアクセサリーとしてのスピーカーケーブルは数えきれないほどの品数が出廻っていて、たいていの人は最初からそういうものを使用するのが常識と思われる。

ぼくの記憶では、その頃スピーカーケーブルとして商品化されていたものに、パイオニアの太めの丸いコードの中に四本のケーブルが封じ込まれているものと、ビクターの帯状に編まれた平べったいもの、それに西独のルーカス線などがあった。いずれも使ってみたが、実は、そういうオーディオ用として商品化されるものの前に、プロの電気工が出入りする電気工事屋みたいなところに行けば、およそありとあらゆる電線が山と積んであった。

ぼくは、そっちを先に攻めた。

3ウェイ・マルチアンプシステムで、余裕をみて一本の長さが約二〇メートルとして、片チャンネル三本×二であるから、一回の実験に一二〇メートルの電線がいる。

ぼくは、その時期毎朝のようにグルグル巻いた電線を肩にかついで町を歩いていたので、商店街のオバサン達はぼくのことをてっきりどっかの〝電気工〟が歩いているのだと思ったらしい。

経験がおありの方も多かろうと思うが、二本ずつパラって倍の太さにしてみたり、面白かったのは、かなり太めのコードの中に四本の線が入っている、パイオニアのようなケーブルをウナギを裂くように包丁で裂いてバラバラに取り出し、プラスもマイナスも、ウーファーもスコーカーもトゥイーターも、左右チャンネルもゴチャゴチャにして鳴らしてみた。

そしたら、わけのわからないゴチャゴチャした音が、出た。

これはやはり、ある程度プラスとマイナスは寄り添って電流が流れた方がよろしいのではないかと、その時思った。

しかし、せっかく一二〇メートルのウナギを裂いた手間を考えると、そのまま引き下がるのもシャクだ。

天井に碍子《がいし》みたいなものを打ちつけて最初一〇センチくらいの間隔でキチンと並べて走らせてみた。

片チャンネル六本、両チャンネルで一二本の線が整然と天井を走る図はなかなか壮観であったが、問題はその線の間の幅である。数センチずつ狭めてみると、出る音がちゃんと変わるのだ。

変わるのはわかるのだが、いったいどこで止めたらいいのかがわからない。

末端はどうせゴチャゴチャしていることだし、早い話が、いっそのことただの平行ケーブルでいいのではないかと思うに至ったが、その時に目をつけたのが先に挙げた西独のルーカス線であった。あれは、モスグリーンのやや平べったい角型のビニールカバーに、当時としては少し太めの線が、通常の平行ケーブルよりも少し間隔を取って並べてあったのだが、「ハハア……」この間隔がドイツで研究されたプラス・マイナスの良かろうと思われる間隔かと、向こうの研究人を立てて、少し高くついたが使ってみた。

非常にまともないい音がした。

せっかく金をかけたのだし、あのまま使っておればそれはそれで良かったのかもしれないと今は思う。

あの時、何故あれを人にくれてやったのかというと、ぼくにはちょっと〝立派〟過ぎる音だったのだろうと思う。

ある種の録音の良さを売り物にしたようなレコードは問題なかったのであるが、ぼくはなにせ〝普通〟の録音のレコードの音が好きだ。

ヴァーヴのモノーラル盤で聴くレスター・ヤング、プレスティッジのマイルス・デイビス、コルトレーンの『スタンダード・コルトレーン』をはじめとする一連のもの……などなどに聴かれるまともで〝普通〟な音が、本音でいうと一番好きだ。

つまり、〝立派〟な音も出てはほしいが、ワビ、サビの出て来ない音は残念ではあるが、惜しげもなく捨てざるを得ないことに、体質的にぼくは出来ている。背に腹は代えられない。

それでどうなったのかというと、結局一、二年さんざん〝電気工さん〟をやったあと、どこの家庭にでも走っている、ただのごくありふれた平行ケーブルを使って今日に至っている。

ただ、ケーブルの〝長さ〟であるが、短い方がいいと聞いたので、二〇年前の開店する前に、一度、プレーヤー、アンプ類を全部、スピーカーの至近距離にセットして最短距離で実験をしてみた。

アンプにもよるし、スピーカーにもよるだろうが、別に、という音だった。それより、むしろタイトでスケール感に欠ける音がして、ぼくの好むルーズでスケールの大きい音がしなかったのを憶えている。

それで、現実的にはスピーカーから離れた位置で仕事をしたいのだし、適当に、必要なだけ引っ張ったら、まあ、結構イケる音がした。

ＪＢＬのＳＥ４００Ｓ（パワーアンプ）は元来、同社のスピーカーシステム、ハークネスとかパラゴン、オリンパス等に内蔵されるＳＥ４０８にカバーをつけて独立したものでまったく同じものであるから、スピーカーケーブルは極端に短く使われるように出来ているはずなのであるが、この場合、各スピーカーシステムに最適ダンピングが与えられるように独自のイコライザーボードの回路が設けられており、およそ同社のすべてのスピーカーシステム用のボードが用意されていた。例えばオリンパス用にＭ２１というように。

しかし、ぼくのスピーカーシステムは、ＪＢＬのカタログに載っていない、ぼく自身のオリジナルの設計であったから、可能なかぎりこのボードを集めてみたが、ピッタリくるものはひとつもなく、それに、マルチアンプシステムでもあるので、ぼくのＳＥ４００Ｓはこのイコライザーボードをひっくり返して差し込んだフラットアンプとして使っている。

そういう事情がひとつ、他に、真空管アンプを使っている方、トランスつきのアンプを使っている方などなどで、ここでぼくが述べているスピーカーケーブルの種類や長さの話は何のタシにもならない話だということを最後に断っておかなければならない。

最初に断ったら何も書くことがなくなるからだが、さらに図々しく書くと、スピーカーケーブルは、わずか数ミリつめただけでも音は変わる。ＯＴＬアンプの宿命なのか、ＪＢＬのアンプの、よくいえばデリケートさなのか、さらにそれを感じ取って音に出すＪＢＬのハイエフィシェンシー（高能率）スピーカーの凄さなのかは知らないけれども、パワーアンプの出力端子に差し込む、約五ミリのビニールカバーをひっこ抜いただけで音の変化が感知されるのだ。だから、気持ちはわかるが、調子のいい時は何年間でも線の新しい部分を出したりすることは、止めた方がよい。

ぼくは、この〝数ミリ〟に取りつかれて何年間か、左手の人差し指をギザギザにして暮らした。ニッパーを使わずに、カッターを使って左手の人差し指の腹の上でビニールケーブルを転がすからである。切り目を入れたビニールカバーは真っすぐに抜かずに、ひねりを入れて抜くのがお利口さんだ。芯線を指で直にひねると手垢や汗でサビを早めるからだ。

一〇年ほど前に店をいったんバラして改築した。少し広くなっただけアンプとスピーカーの距離が遠くなった。

当然、スピーカーケーブルは大幅に長くなった。

なのに、そこでまたわずか〝数ミリ〟のために左手の人差し指の腹をギザギザにしなくてはならないというのは、いったいこれはなんなのだろう？

26　デューク・エリントン追悼レコードコンサートの夜

失敗を重ねるたびに人はひとつずつ賢くなる。

デューク・エリントンが七五歳の偉大な生涯を閉じたのは、一九七四年（昭和四九年）の五月二四日のことであった。

ぼくの誕生日の翌日の出来事であったので、あの時のことはよく憶えている。

その夜、デュークの大ファンであり、友人でもあった野口久光先生と一時間ほど〝無言〟の電話を交わした。

「……」

「……」

〝無言〟の電話というのも変な話であるが、双方とも何もいえないのだから仕方がない。察していただきたい。

気持ちが落ち着いた頃を見計らって、デューク・エリントンの追悼レコードコンサートを「ベイシー」で催した。もちろん講師として野口久光先生に来ていただいた。

前日の夜、ぼくは少しでも気分が出るようにと思って、「FAREWELL TO DUKE ELLINGTON」という文字を白いケント紙を切り抜いて黒いラシャ紙に貼りつけ、それをスピーカーとスピーカーの間のレンガのところに貼った。我ながら惚れ惚れとする出来映えであった。

ぼくは早稲田大学で美術を専攻したから、こういうのはもともと得意なのであった。

サテ、当日フタを開けてみると何だか音がチト変だ。

満員のお客さんは野口先生の心温まるお話と貴重なモノーラルレコードの連発に、大変満足している様子。

ぼくだけが（チト、変だ）と不吉な考えがアタマをよぎって落ち着かない。

エリントンのストーリーが六〇年代にさしかかってステレオ録音のレコードがかかり出した。

モノーラルだけ長時間聴いていると、こっちの音が正しく、ステレオの音がちょっと変に聴こえるものだとこの時に思ったが、とにもかくにも、こうして有意義な会は終わり、二次会も終わり、深夜に野口先生をホテルに送ってぼくは一人店に舞い戻った。

一人でもう一度レコードをかけてみた。いったい何が変なのだ？

読者はもう気づいているが、その時のぼくはまだわかっていない。

その通りなのである。「もしや？」と思ってレコードをかけたまま、スピーカーとスピーカーの中央に貼ったもったいないくらい恰好のいいラシャ紙をはがしていくと、「なんと!!」スーッと音が〝正常〟になったではないか!!

〝紙一重〟とはよくいったものだ。

ジョニー・ホッジスのアルトの音が金粉を散らしたような輝かしい音にアッサリと戻った。

お客は皆帰り、カンジンの野口先生は今頃ホテルでスヤスヤだ。

ぼくは唯一人、マウンドにガックリとひざをついて、肩を震わせる負けたチームのピッチャーみたいな恰好をした。

[CHAPTER.VII]

27　カウント・ベイシーの選択

カウント・ベイシーは、〝お利口な人〟だった。

デューク・エリントンのように、全部を自分でやらず、仲間のみんなに随分と仕事を分担させた。

作曲もアレンジも、気に入った仲間にどんどんやらせたが、約五〇年という長い期間を通して、結局、全部が〝カウント・ベイシーの音楽〟になっているのはいったいどうしたわけだろう。

彼は、〝チョイス〟の名人だったのだ。

みんなに好きにやらせておいて、気に入ったものだけ彼は自分で〝チョイス〟をした。

気に入らなければ首を横にふればいいし、気に入ったらニンマリ笑って首をタテにふればよかった。

こうすれば、結果的には全部ベイシーの〝テイスト〟で音楽は統一される。

これを〝お利口さん〟といわずして何といおう！

自分でものを作るだけが〝創作〟ではない。〝チョイス〟することで自分を表現することを我々は普段、意識するしないにかかわらずやっている。このところが実は案外コワイ。

よく読める奴が相手だと、〝根拠〟のないものに乗っていたり、〝根拠〟のないものをぶら下げていたりするとたちまちバレてしまい、笑いもののタネにされてしまうからだ。

まあ、笑う奴には笑わせておけばいい、という考えも一方ではあるから、それはそれでいいのだが、できれば、オーディオにも、その〝持ち物〟に何らかの〝根拠〟があった方がいいと思うのだ。


ぼくが、シュアーのV15／TYPEⅢを愛用カートリッジとして長いこと使ってきたことはすでにバレている。

このカートリッジが発表になって以来ずっとであるから、もうかれこれ二〇年近くになろうとしている。

世にゴマンとあるカートリッジの中で、何故これひとつしか使わないのか？

——それが、ぼくの〝チョイス〟なのだ。

いくらたくさんの種類のカートリッジがあったとしても、同時にふたつのカートリッジで鳴らすわけではないし、結局、ひとつあればいい。——そのひとつが問題だ。

ぼくがシュアーのカートリッジで初めて聴いたのは、あれはたぶん中学生の頃だったと思うので、確実に今から三〇年以上は前のことである。

一関市に、橋本耳鼻科の先生という、新しモノ好きのお医者さんがいて、今もご健在なのだが、当時ぼくはこの先生にスキー協会の方で大変お世話になっていた。

面倒見のいい先生でもあり、ぼくはよくスキーに連れてってもらったものだ。

それまでフランス・スキー全盛であったのが、トニー・ザイラーの出現で、いきなりオーストリー・スキーに傾いたのは高校時代であった。ザイラーの出演したスキー映画『黒い稲妻』をぼくは映画館にかかっている間じゅう、毎日観に行った。

毎日観に行った映画は、あとにも先にもこれと、『五つの銅貨』の二本だけである。

ぼくは当時、ケスレーのスキーにあこがれていたのだが買えず、これのコピー版であるミズノのヒッコリーパックというスキーを、仙台じゅうのスポーツ店を全部探し廻って、やっと気に入った硬さのものを見つけて買った。ぼくにしてみれば、大変〝根拠〟のある持ち物だったといえる。だからいまだに持っている。

橋本耳鼻科の先生は、その頃すでにヘッドのメタルスキーをはいていたが、同時に、もうステレオ装置を持っていたのだった。

ぼくのステレオは、まだラジオを二台並べただけのものであったが、橋本耳鼻科の先生のは〝本格的〟で、大きいバスレフの箱にパイオニアのコアキシャル・スピーカーＰＡＸ２０Ａが入っていた。

これが、とんでもなくいい音で、ぼくがステレオで聴いたいい音の一番最初であった。

その時のカートリッジが、シュアーのカートリッジ！　だったのだ。たぶんＭ７Ｄだったと思う。

次に印象に残っている〝シュアー体験〟は、ずっと下がって仙台の福原サン（元「カウント」

オーナー）の持って来た、V15オリジナルで、これはすでに何度か聴いてはいたのであるが、自分の装置に使ったのは初めてだったし、なにせ忘れ難い音であった。「ベイシー」を開店したばかりのぼくは、その頃オルトフォンのSPU-G／TEに頼っていたが、何故ぼくはその時すぐにV15に走らなかったのだろう？

シュアー社からやがてV15／TYPEⅡが出たが、これにもぼくは手を出さなかった。そして、ついにV15の〝TYPEⅢ〟がぼくの眼の前に登場したのだ!!

オルトフォンの、それもSPU-G／TEから、なんでシュアーのTYPEⅢなんだ⁉といわれても、なんとも致し方がないが、その時ぼくは、なんのギモンも持たずに、ニンマリ笑って首をタテにふったのだ。決断する時にはジタバタしないものだ。

ぼくが、オーディオで寝返ったのは、ある意味では、この時だけだったような気がする。つまり、それまであまり好きでもなかった〝軽針圧〟へいきなり走ったのだから……。

これは多分に、時を同じくしてマルチアンプシステムに踏み切ったことと無関係ではない。フルレンジ一発とか、既製のスピーカーシステムをネットワークで鳴らす分には、オルトフォンのSPU-G／TEが頼もしいとぼくは今でも思っているが、スピーカーシステム自作のマルチアンプシステムとなると、話がちと違ってくるのだ。

カートリッジのエネルギーバランスは、上から下まで「ストーン」と真っ直ぐなものがぼくには望ましい。

低音の〝量感〟がほしければ、それは、そういうスピーカーシステムを作ればいい、と考えた。カートリッジ自体でバランスをとることを、ぼくはここで一切止めたのだ。

かりに、カートリッジが極端に〝ピラミッド型〟のバランスを持っていたりすると、マルチアンプの調整は大幅に変わってしまい、そのシステムにレコード以外のソース、例えばテープだとか、ライヴ時のＰＡのマイクなどを接続した場合、使いものにならない音が出る可能性もあるだろう。

マルチアンプシステムに踏み切るにあたって、ぼくが望んだ〝広帯域にわたってフラットなレスポンス〟と〝クセの少ない素直な音色〟を持ったカートリッジ、という条件に新発売のシュアーＴＹＰＥⅢはピタリ！　と合致していたのだった。

ぼくの好きなジムランのアンプもともとそういう特性を持っていて、プリアンプのＳＧ５２０もパワーアンプのＳＥ４００Ｓも聴感上やたら〝広帯域〟で、下は床を踏み抜いたように伸びるし、上は青空を見上げるように澄み渡って、天井知らず、というシロモノだ。

このアンプ自体の音は、一般的にはＴＹＰＥⅢ同様〝細身〟と受け取られているかもしれないが、スピーカーシステムの能率を上げるに従って、この特性が次第にプラスの要因となって威力を発揮し出すようになっている。

ＴＹＰＥⅢの、ぼくが一番買っている点では他に、音楽の解釈の仕方に依怙《えこ》贔屓《ひいき》が少ない、という一点を挙げたい。

それが、ジャズであれ、クラシックであれ、タンゴであれ、シャンソンであれ、分けへだてなく、かなり公正な解釈をみせるところが、何といっても一番いい。レコードによっていちいちカートリッジを取り替えるほどぼくはマメではないし、第一、ぼくはレコードを〝仕事〟としてかけている。ボリューム操作以外は何ひとついじらなくても、レコードが替わったら豹変するような音でないと困るのだ。

このことが可能なカートリッジは、一枚のレコード演奏中にも平気でそういうことを行なってくれる。例えばシンバル・レガートが「カチーン！　カチーン！」と鋭く硬い金属音を発している隣で、「フワー」っとしたトロンボーンの肉声がまったく無関係に鳴っている、といったような、正反対の音のコントラストの度合がTYPEⅢはズバ抜けていいのだ。TYPEⅢの、多少そっけないところ、少し冷静《クール》なところも、ぼくには合っているのだと思う。

そういう奴が解釈した本当に熱いジャズは信用できるからだ。たくさんあるオーディオの製品の中から何を〝チョイス〟したかで自分をすでにある程度表現してしまっているというからには、むやみに〝根拠〟のないものを持たないように気をつけたい。

――ぼくが、シュアーのTYPEⅢを長々と使ってきた〝根拠〟は、以上のようなわけだ。

28 ハリー・ジェームスの〝重高音〟

重低音というくらいに、低音に関しては重い低音、軽い低音と、音の〝目方〟が云々されるが、高音になると、繊細、鮮やか、眼がさめるようなと、あまり〝目方〟の話が出てこない。たまに出てきても、それは〝軽い〟というニュアンスを暗に含んだものがほとんどだと思われる。そして、高音は往々にして〝細い〟ものだと思われがちである。

高音は本当に〝軽く〟て〝か細い〟ものなのだろうか？

イチャモンをつけるつもりはないが、ぼくは〝重く〟て〝図太い〟高音を出したいと思ってやってきた。

音の性質上、低音は〝太く〟、高音は〝細い〟感じがするのはわかるが、オーディオ再生側は、必要とあらば下から上まで同じ〝太さ〟、同じ〝重さ〟で出せるよう心掛けてみても、別に損はしないと思う。

ハリー・ジェームスのトランペットが凄いのは、低音から高音までの音の太さ、エネルギーバランスが変わらないところにもあるのだが、本人はもういないから、レコードを聴くしかない。

〝この一枚〟といわれれば、一九五五年（昭和三〇年）録音のキャピトルのモノーラル盤『ハリー・ジェームス・イン・ハイファイ』を挙げるが、このレコードをかけて、もしハリー・ジェームスのトランペットの高音《ハイノート》が〝細く〟鳴るようだったらガックリきた方が良いと思う。

一九六四年（昭和三九年）に、バディ・リッチをゲスト・ドラマーに迎えたハリー・ジェームス楽団が日本に来たのをぼくはバッチリ聴いたが、同じ六四年に、デューク・エリントン楽団が初めて日本に来た時、それは今想っても〝夢のような〟豪華なステージだったが、ハイノート・ヒッターのキャット・アンダーソンの脳天を突き抜けるような〝軽くない〟高音、ジョニー・ホッジスの〝太い〟アルトの高音にめまいを覚えたものだ。

〝太く〟て〝重い〟高音を出したい、と切実に思ったことの発端は、エルヴィン・ジョーンズの叩くジルジャン（シンバル・メーカー）のシンバル・レガートの音だ。

音楽のほぼ全般にわたって〝四拍〟全部をシンバルで連打する音楽といえばジャズをおいて他にないと思われるが、ことほど左様にジャズにおけるシンバル・レガートは重要な要素を占めていて、ベースのピチカートと共に、これがちゃんと鳴らないことにはジャズにならない、といっても過言ではない。

ジャズ・オーディオの、これは第一条件であって、他のいかなる楽器の音の良し悪しを論ずる場合も、この二つの条件を同時に満足させたうえでのことであるから、キツイ。

シンバルを叩く音というものは、実は一般に思われているよりはずっと低いところから高いところまでカバーしなければならないのであるが、このことはウーファーを替えるとシンバルの音がガラリと変わることでも容易に察しがつくことだ。

でも、一応シンバルの音は〝高音〟の部類として話をすると、エルヴィン・ジョーンズの叩くシンバル・レガートの一音一音には、相当の〝目方〟があるということに気づくだろう。シーツの上にこぼした水銀の小粒のように、それがピアニシモの小さい音でも〝ズッシリとした小さい音〟がするのだ。

この、ビートの〝重さ〟は、精神の集中力の重さだと思うにいたったが、筋力の差も大きい。この〝手応え〟が結局のところ音楽の質感を大きく分けるのだ。

ビートは〝重く〟、リズムは〝軽く〟が理想的だが、その逆は最悪だ。

カウント・ベイシー楽団のトランペット・セクションのサウンドを（やかましくなく）朗々と鳴らしたいと思ったら、やっぱり〝太い〟高音、〝目方〟のある高音を出せるようにしないと無理だろうと思う。

一〇年以上前のある時、あるところでぼくは再生音（？）で〝太くて重厚な高音〟を聴いた。それは、仙台の宮城県民会館の並びにある「ローエングリン」という純喫茶であった。何のコンサートであったか、ぼくは開演前の時間潰しに最寄りの喫茶店でコーヒーでも飲もうと思って入ったのであるが、ドアを開けると「ズキーン!!」という〝太くて重厚な高音〟が耳に飛び込んで来て「ギクッ！」とした。

「（JBLの）375と075だな、この音は」他に思いつかなかったので、ぼくはてっきりそう思って店内を見渡した。

どこにもスピーカーがない⁉

よく見ると、店の隅に高さ二メートルもあろうかと思われる巨大なオルゴールが置いてあった。〝図太い高音〟を出していたのは、その、一九世紀ドイツのディスク型オルゴール様であった‼

以来ぼくは、宮城県民会館でコンサートがある時は、一時間ほど早めに出掛けるようになった。

〝太く〟て〝重い〟高音……。

変だと思う人がいたら、「ローエングリン」なり松島の「オルゴール博物館」へ行って、この一九世紀の音をジックリと聴いていただきたい。

そして、その〝高音〟を自分のスピーカーシステムから出せる自信があるかどうか……。

29 野口久光先生と遠野紀行

いくら好きだからといっても、たまにはレコードを聴きたくない日だってぼくにもある。

二日酔いの昼などはそうであるが、それでもレコードをかけなきゃならない時には、チンタラしたジャズをチンタラかけていたのではいつまでたっても元気はわいてこない。

こういう場合は、嫌だけど、思い切ってコルトレーンみたいなものを思い切りボリュームを上げてかけてしまうことだ。

カウント・ベイシーなどもいい。

なにせ、何らかの理由で元気がないわけであるから、かけるまではかなりの勇気がいる。

しかし、考えるよりは習慣に従った方がいい。

ドーン！　とコルトレーンやカウント・ベイシーが鳴り出せば、あとはこっちのものだ。

身体のどこに潜んでいたかと思うほど、急に元気がわいてくるから不思議だ。

ぼくはこの〝積極策〟で二三年間、具合の悪い日を乗り越えてきた。

そして、弱った時に救ってくれるのは決まって誠実な音楽であった。

どうやら誠実な音楽は、精神的、肉体的悪条件のみならず、環境をも越えて、いつ何時どこでも通用するもののようである。

ある時、ぼくは野口久光先生をお連れして遠野《とおの》に向かっていた。

岩手県遠野市は、柳田国男《やなぎだくにお》の『遠野物語』で有名な、ま、〝民話の里〟ということになっていて、夏ともなると、観光ギャルでいっぱいだ。

ぼく達も夏に行ったわけであるが、一関から遠野までは車で一時間半ほどで行ける。

途中、エーデルワインの産地、大迫《おおはさま》の町営ワイナリーで一服して、酔っ払い運転で遠野に行った、ということにしておこう。

遠野の町の入口に「南部曲り家」で有名な「千葉家の曲り家」が道路左手の高台に堂々とそびえ立っている。今の皇太子殿下もここを訪れている、というほどのものだ。

この「千葉家の曲り家」の、道路をはさんだ向かい側、つまり、道路の右側に「山の茶屋」というソバ屋がある。

「山の茶屋」の主《あるじ》は、レッキとした〝千葉家〟の跡取りムスコであるが、アルバイト感覚でこれをやっている。

冬になれば、東京方面へ出稼ぎにも出る。

なかなかの〝人物〟なのであるが、不精ヒゲがよく似合い、ジャズも聴く。

この旦那とぼくは、実は一関一高時代の同級生だ。

同級生ほどコワイものはない。

いつまでたっても、延々として同級生なのだから……。

ぼくは、急に野口久光先生をお連れして奴を驚かしてやろうと思って「茶屋」に車を止めた。本当は運転をしていたのは「エルヴィン」というジャズ喫茶のマスター、カルロス・アンドーネ（安藤）だった。彼は元暴走族だから早く着く。それに、若い頃の失敗が元でワインはおろか、酒を全然飲まないから安心だ。

「いるか？」

と戸をぐぐると、

「ナンダ、お前《め》か。どうした」

と少しも驚かない。

驚いたのはこっちであった。どうしたもこうしたもない。茶屋の中にビリー・ホリデイが流れているではないか⁉

（野郎、まだこんなもの聴いてやがる）

二五年ばかり前だが、上野のジャズ喫茶「イトウ」にふらりと一人で入って行くと、奥の、スピーカーの下あたりの右側のテーブルに、明らかに他の客とニュアンスを異にする男がやはり一人でもっこりとしてジャズを聴いていた。それが奴だったが、会うのはそれ以来という感じがした。

「野口先生をお連れした。先生どうぞ……」

とふり向くと、野口先生はもうビデオカメラでそこらじゅう撮りまくってうわの空。

店の外に張り出した、こしゃくなテラス風なところへ案内されてソバを注文したが、このテラスからは遠野の町や山々が一望できて、まず写真をパチリと一枚。野口先生は既にビデオでこちらを狙っている。

足元を流れている幅四、五〇センチくらいの小川、というよりは堰で近所のオジサンが一人釣りをしている。一匹あげたので、

「オイ、なんか釣ったゾ!! まさか、イワナじゃねエだろうな」

というと、奴は
「この辺はイワナしかいね」

といった。

岩魚といえば〝幻の魚〟。それがそんなに簡単に釣れていいのか⁉ それも竹の一本ザオで……。

見ている間に三匹ほどあげたオジサンは、腰に下げたスーパーマーケットの白いビニール袋にポイと放り込むと、さっさと上の道路によじ登って姿を消した。

大方、晩酌の肴にでもする気だろう。

〝フル装備〟の根津甚八《ねづじんぱち》を遠野に案内して、こちらはさっぱり釣れなかったこともあるというのに……。

釣りもオーディオも、難しく考え過ぎて、余計難しくしているのかもしれない。

ソバを食べている間、ビル・エヴァンスが流れていた。『ワルツ・フォー・デビー』だ。なかなかいい。

外では鳥が鳴いている。

「あのなア」

ソバを食べ終わったぼくに奴が話し掛けてきた。

「ジャズ喫茶でしか通用しねエようなジャズは駄目よ」

ときた。

奴ならいいそうなこったと思った。

出掛けに、

「このラジカセ、いい音するじゃねエか」

と、カウンターの上をアゴでしゃくると、

「ウン、文句ねエ」

と奴はニコニコと笑った。

「じゃあ、先に会場にいってるワ。向こうで会おう。……夜、飲むか?」


この日、遠野市文化会館で、野口先生が全国応援団長を務めるミュージカル劇団「ふるさときゃらばん」の公演が我々を待っていた。

寺本建雄《てらもとたてお》をバンマスとする「下座《げざ》」と呼ばれる、この五人編成の〝楽隊《バンド》〟を、ぼくは大好きで、一関ですでに三回も「きゃらばん」の公演をやっている。

演奏が一生懸命で誠実なのだ。

とかく音楽をうまい、へたでばかり判断しがちであるが、そうしたものでもないと思うのだ。「きゃらばん」の〝楽隊〟がへたという意味ではない。ある意味で彼らは凄くうまい！　上條《かみじょう》君のトロンボーンの音などは特筆ものだ!!

彼らは〝芝居付き楽隊〟ということで、当然のことながら必然性のある音を出すことを要求される。そして、それに彼らは見事に応えているのだ。

必然性のある音を出す。ということは、好きにアドリブをやっていいジャズにとっては逆に己に厳しい条件となる。


ま、ともかくウルサい話はあとにして、その夜も「ふるさときゃらばん」のステージを我々は十分にエンジョイし、深夜になって遠野駅前の居酒屋で「きゃらばん」の連中と、東京からわざわざ応援に駆けつけてくれた団長の野口先生を囲んで、芝居談義、映画談義、音楽談義と、夜も更けるのを忘れたが、昼間凄いことをいった〝哲学者〟は酒が入ると益々冴えわたっている。

誠実な音楽は、人を動かす。

「ふるさときゃらばん」の芝居と音楽に動かされた「山の茶屋」の〝哲学者〟は、だから、その夜の酒席の勘定をまとめて全部面倒見てくれた!!

30 暗闇の音

ある時、「ベイシー」に眼の不自由な方々の団体がジャズを聴きに来ることになった。

事前の電話連絡があったのだが、午前一〇時の約束にやっぱり遅刻したぼくは、店の前の人だかりを見て裏口からコッソリ店の中に忍び込み、急いでそこらじゅうの明かりをつけてまわった。

「ベイシー」には窓がないので、電気をつけないと昼でも中は真っ暗だ。

それに、極めて旧式なために、スイッチ類が一カ所にまとまっておらず、約一三カ所ぐらいのスイッチやコンセント類を〝ON〟にしないと店内の照明の具合が普通の状態にならないようになっている。

消す時ももちろんこのまったく逆で、ぼくはこの作業を毎日二回繰り返して二〇年以上、不便を感じてなお、改善しようとしない。

この日も、全部の明かりが点灯したのを確かめて（これでよし）と、ぼくは内側からシャッターをガラガラと開けた。

外でガヤガヤしていた方々はホッとした様子でゾロゾロと中に入って来たのだが、ぼくは（シマッタ！）と思った。入って来た方々は全員が手さぐりで、何もぼくは慌てて電気をつけまわる必要はなかったのだ。

ようやく落ち着いたところで、ぼくはレコードをかけながらコーヒーをいれた。

最初のレコードは、ビル・エヴァンスの『ワルツ・フォー・デビー』をかけた。

一九六一年録音のビル・エヴァンスのこのレコードは、演奏もさることながら、録音が素晴らしく、おそらく、ピアノ・トリオのライヴ録音の最高峰といってよいものだ。

A面一曲目の「マイ・フーリッシュ・ハート」の冒頭のピアノの二音が、空気をいきなりニューヨークのヴィレッジ・ヴァンガードの店内に変えてしまう。

かけると、一瞬にして空気が変わる！　これが、よくできたライヴ・レコーディングのレコードを聴く醍醐味でもあるが、これはその中でも格別のもので、まァ、No.1といってもよいだろう。眼の不自由な方々二〇人を前に、ぼくは、やっぱり一発目にこのレコードを選んでしまったというわけだが、皆さんの前にどんな情景が広がったことだろうか。

小一時間ほど、ぼくは慎重にレコードを選んで、慎重なボリューム設定でレコードをかけたが、ちょっとの油断もできない久々の心地好い緊張を感じた。

やがて、座がお開きとなる頃になってようやく空気がゆるんでくると、中の一人がこちらに歩み寄って来た。

ぼくがトイレを探しているのかと思って案内しようとすると、彼は、

「いや、ちょっと見せてください」

といって、両方のてのひらを立てて、レコードからアンプ棚、プレーヤーのあるあたりを

ジーッとさぐり、そして、
「結構なお店ですネ」
といったのだ！

彼等を外に送り出したあと、一人でぼくは後片付けにかかったが、さっきのセリフが忘れられない。

何度も繰り返して笑っているうちに、いっそのことぼくも眼をつぶって後片付けをやってみた。

「結構なお店」どころか、テーブルにつまずくワ、柱にぶつかるワでどうにもならない。

結局、プロとアマの差をつくづくと感じ（計り知れないものがあるものよなア……）と、ぼくはこの日またひとつお利口になったのだ。

31 〝不純〟な音楽鑑賞

ゴルバチョフ大統領が日本にやって来る頃に、ぼくは一関でサンフランシスコ・オペラのワークショップを聴いた。

彼らが一関を訪れたのはこれで二度目だが、大仕掛けのオペラなら今節たくさんの人が東京などで聴いている。

今回の一関の場合は、「サンルート・ホテル」でたったの一五〇人くらいで聴いたのだから、まあ、ある意味ではゼイタクな聴き方といっていい。

ぼくは今回、最前列に座ってしまったので、歌手との距離は遠くて五、六メートル、近い時は手が届きそうなものであったから、テノール歌手のノドチンコまでよく見えた。

同じ最前列の真ん中には、ギリシャ大使館の代理大使のディミトリ・G・ドウドウミスご夫妻もみえていた。このご夫妻とは以前駅前の「樽屋」という居酒屋でご一緒したことがあり、向こうがよく覚えてくれていた。

カルメン役の、メゾソプラノのレベッカ・マブロビティスがギリシャ系アメリカ人であるので「何分ヨロシク」とデイミトリ・G・ドウドウミスさんは挨拶をした。

ぼくは、根がオーディオマニアであるから、何を聴いても〈音〉のことを考えてしまう。いいクセなのか、悪いクセなのかは別問題として、この夜もやっぱり頭の中でいろいろなことを考え始めて止まらない。

訓練された人の声というものは、まず物凄いものだと思うわけだが、次に、その響き様と〝音像定位〟などという、いよいよいけないことを考え出して、客席にチラッと眼をやると、眼を閉じてウットリと音楽に聴き入っているオバサマ方の幸せそうな顔々……で、ぼくは浮き上がった存在となってしまいそう。

ノドチンコが見える方向に来た時はピタリ！　とソコに〝音像〟が定位するが、横を向いた時などは、〝発音体〟より〝響き〟の方が勝り、右の人か左の人かわからないほどビンビン響き合って、最大六人一緒に張り上げた時のこの響きの洪水！　はもう「たまりません!!」といった感じで、（この〝響き〟を出すには相当に〝高域成分〟に余裕がないと無理だナ……）などと、またまたよからぬことを考えている自分が情けない。

じゃあ、音楽を聴いていないのか？　というと、そうでもない。こうやって、音を分析しながらもちゃんと音楽を聴くように、こっちも適当に〝訓練〟されているのだからご安心。ところで、耳元でアリアを怒鳴られるのも大変だろうな、と思ったら実際はそうでもないらしい。ちょっとでも離れようものならビンビン！　と響くのだろう、あれは。

そういえば、このところこうしたことが相次いでいる。

そのちょっと前の冬の盛岡ではウィーン・フィルのピック・アップ・メンバーによる室内楽を聴いた。

顔見知りは、クラリネットのペーター・シュミードルだけで、あとは全部二〇代若手の「グスタフ・マーラー弦楽四重奏団」と名乗る連中。さほど期待はしていなかったのだが（失礼！）、この弦楽四重奏、特に第一ヴァイオリンが素晴らしかった。名前は……今、パンフレットを調べればすぐにわかるのだが、そんなことより、彼は、もしかすると今にウィーン・フィルの首席ヴァイオリニストになれるかもしれない。

これを聴いた「盛岡劇場」のメインホールは、定員五〇〇人の、どっちかというと〝芝居小屋〟だと思うが、とんだ拾いもの、弦の音がとても素晴らしかったので、おせっかいかもしれないが特筆しておきたい。

ただ、あとになって宮城さんというピアノの調律師から聞いたのだが、「弦はいいけどピアノはたいへんなんです」ということだ。

ホールとは、やっぱり難しいものらしい。

この時も、第一ヴァイオリンと、寄り添うような音色でピッタリと合っていた第二ヴァイオリンのサウンドをシッカリ耳に叩き込んで帰って来たわけだが、曲は忘れても〈音〉は忘れない、という、このあさましいオーディオマニアの性《さが》。

この二つのクラシックの間に、ベニー・カーターのビッグバンドを『岩手日報』の主催で一関でやった。

文化センター大ホールでのコンサートはお決まりのマルチマイクのPAサウンドで、取り立てて話すほどのものではないが、そのあとが極めて良かった!!

リーダーのベニー・カーターがホテルで休んでいる間に、全員楽器を持って「ベイシー」にやって来たのだ。

もっとも、来ないと晩メシにありつけないようになっていたから止むを得まい。

ハナの利く客は、コンサート終了後、真っ直ぐ家に帰らない。

ヒドイのになると、大ホールのチケットは買わずに、最初から〝アフター・アワーズ〟を狙って深夜に出て来るのがいるが、悪質というべきだろう。

食事にもありつき、腹ごなしに誰かがやり出すと、我も我もと二階から下りて来て吹き出すのがジャズミュージシャンの性だが、これは止められない。マイクはわざと一本も用意しておかないから店内、この場合どこで吹いてもいいわけだ。

ノー・マイクで、そっちこっちに散らばって吹く音楽の〝現場〟は一番素朴で、そして、いい。

ドラムがドシバシ叩いても、ピアノの音だって不思議なくらいちゃんと聴こえる。

もともとが、このベニー・カーター・オーケストラのメンバーは当然皆うまい。

水準の高いミュージシャンばかりがこれだけ集まって気楽なジャムセッションをやれば、いいに決まっている。

このコンサートにひっかけて仕事に来ていた『ステレオサウンド』編集者O君も、このセッションに至って普段のクールな表情を完全に壊し、デレデレ顔で嬉しそう。あとで聞いたのだが、本当に嬉しくなってしまったのだという。

つまり、観念的なPAの手法が、いかに昨今のジャズの〝現場〟をつまらないものにしているのか？　という話。

もちろん、PAというものを全部否定しているのではなく、時と場合によって、もっと上手にやってほしいといっているだけで、ぼくだって、もともとスピーカーの音が決してキライなわけではない。

ジャズのライヴコンサートに、もしも迷いが生じたとしたら、いったんゴハサンにして、マイクを全部取っ払うところから始めたらいい、と思う。

ぼくは、先に行なったカウント・ベイシー楽団の〝OB〟オーケストラの時もこれを試してみたし、その前は山下洋輔《やましたようすけ》オールスターズ、中村誠一カルテット、といずれもマイクなしの〝生《ナマ》〟でやってみた。

――素朴に勝る〝豪華〟はない。

ジャズは依然としてカッコいい音楽だということが、変な話、再確認できるだろう。つまらなくしているのは、多分に〝林立《りんりつ》〟したマイクの数だ。

ノドチンコが見える距離で聴いたサンフランシスコ・オペラといい、〝不純〟なことを考えないで音楽に没頭できる人に私は早くなりたい。

32 音がトレーニングされる時

サンフランシスコ・オペラが一関であった翌日に、このワークショップに東京から来ていた、ギリシャ大使館の代理大使ディミトリ・G・ドウドウミスご夫妻が「ベイシー」に遊びに来た。

このご夫妻は大変な音楽好きで、他に、ま、客もいなかったので、クラシックのレコードを五、六枚一緒に聴いた。

オペラをかけると軽く口ずさんだりして、何でも知ってるご様子だ。このお二人は、日本に来る前は、オーストリアの大使館にいたらしいから、いいものも随分と聴いているのだろう。

サテ、ところで。

こういう類の人に来られた場合のレコードのかけ方というものは、普段のようなジャズ喫茶のやり方をやっては絶対にいけません。

ボリュームはできるだけ低く、それでいて大型装置ならではの圧倒的なリアリティを出さなければならないから、日頃の精進の成果が試されて、いい勉強になる。

「ベイシー」はジャズ喫茶なのに、何故かウィーン・フィルのメンバーだとか、クラシックの専門家が時たま迷い込んで来るために、ぼくは自然にそっちの分野もだいぶ鍛えられてしまった。これは、一関の「サンルート・ホテル」のオーナーの斉藤哲子《さいとうてつこ》さんがもともとオペラ歌手であったせいだが、もとよりぼくは、思想的に、ジャズもクラシックも平気でかけられる〈音〉を装置に求めてきたから、こうした現象はいい訓練となって、かえってありがたかったと思っている。

ほとんどビョーキ同士で年中ドンパチやっていると、たまにこういった正常な人に来られた場合、打つ手もなく〝お手上げ〟という状態になるから、時には自分と正反対の人、ニガテな相手にも進んで音を聴かせた方がいいのだと思う。

自分さえ良ければ良い、という人も世話がなくていいが、自分には自分の欠点が見えにくいもので、人の手を借りるのもお利口なやり方だ。

人の意見を聞くのがシャクだというなら、何も聞かなくてもいい。相手の表情や仕草、例えばタバコの吸い方から、目線の方向などを読み取ればだいたい見当はつくもので、そこで気になった箇所は誰もいなくなってから一人で聴き直せばいい。

人を利用する、これは一見ズルイやり方だが、ちょっとでも音が良くなるためだったら手段を選んでる場合ではないだろう。

自分一人の考えることには所詮限界がある。然るべき人が迷い込んだら即、実験台としてこれを活用し、次に備えた方が絶対得だ。

大方の人はすでに気づいていることだが、誰かに音をぶつけて、その人物を透過した音を聴くと、自分の音が、一人でいつも聴いている音とまるで違った音に聴こえることがある。このリアクションを感じないと、音はトレーニングされない。

——実に様々な人を透過した音をぼくはこれまで聴いてきた。

それでは自分というものがなくなるのではないか⁉　という心配はこの際ほとんど無用だ。そんなことで自分を消せるほどオーディオは甘くない。

シマイにはウンザリしていい加減自分とは縁を切りたくなるほど、最後の最後までつきまとうのがオーディオにおける本当の自分であるからだ。


この日、ドウドウミスさんご夫妻と最後に聴いたレコードは、ユージン・メニューイン（フルトヴェングラーのブラームスのヴァイオリン・コンチェルト）だったが、一九四九年（昭和二四年）録音のこのモノーラル盤は、その日一番の出来で、ドウドウミスさんご夫妻が感激して聴いた音とほとんど同じ音を聴いた気がしたぼくは、久しぶりにいい気分を味わった。

たまにはいい時もないと、とてもやりきれません。

33 ブルーノ・ワルターの「未完成」

シューベルトの「未完成」であるが、あれをぼくは小学生の頃に蓄音器でよく聴いて遊んだ。スキー、テッポー、釣り道具、写真機などと共に〝蓄音器《チコンキ》〟は当時ぼくの重要な遊び道具のひとつであった。

この「未完成」は、ブルーノ・ワルター指揮ウィーン・フィルハーモニー管弦楽団の演奏したものであったが、当時はそれが当たり前の演奏と思って聴いていたので「未完成」とは、あいうものだと思っていた。

このアルバムの表紙は、ナス紺のシブイ地色にタイトルが銀文字で書かれた立派なものだが、実はこの〝現物〟をぼくは今でも持っている。

家にしまってあるのではなく、ずっと前から堂々と（？）「ベイシー」のレコード棚に入れてある。

入れてある場所は、向かって右から一一列目、上から二段目、下から四段目で、カウント・ベイシーのデッカの〝ボックス入り〟などにまぎれ込んでいるから、普段は誰も気がつかない。

ついでにいっちまうと、左から一三列目、上から三段目に見える赤いジャケットのひとかたまりは、あれはジャズではなくて、トスカニーニの一〇〇枚組だ。

ジャズ喫茶のクセに、ドサクサにまぎれて、こういうものをちゃっかり入れておく店が他にもあるから、油断は禁物。

中学生の頃にぼくは、LP時代を迎えたが、最初に買ったLPがやはりシューベルトの「未完成」であった。

こちらはユージン・オーマンディ指揮フィラデルフィア管弦楽団の演奏で、どんな演奏だったのかはあまり記憶にない。

SP三枚だった「未完成」が10インチのLP一枚にスッポリ収まっていた。

何故か、このLPも今でも持っている。

そうこうしているうちに随分様々な「未完成」が手に入り、聴いたが、いずれもあまり印象には残っていない。

一番最近のものではカルロス・クライバー指揮ウィーン・フィルのものを、開店前のひとときにかけたりしていたが、これもまア、どうってことはない。

ただ、開店前の一発目にジャズをかける度胸がない、という理由でかけるだけだ……。

ネコと女は呼ばないときにやって来る、というが、つい最近、呼びもしないのにそれはやって来た。ネコでも女でもない。

ブルーノ・ワルター／ウィーン・フィルの「未完成」が、LP盤に焼き直されてぼくの前に現れたのだ!!

そんなことでオドロクな！　と詳しい人は怒るかもしれないが、ぼくだってそんなものはとっくに出ているだろうことくらいウスウス知ってはいた。ただ、敢えて探し求めるほどぼくはヒマではないし、こういうものはすべて〃何かの縁〃で済ませたいものだと思っているだけだ。

〃縁〃があったというべきだろう。

ウチの女の子がこのレコードを買って「ベイシー」に持って来たのだ。

二枚組のそれは、マーラーの「九番」がどちらかというとメインで、「未完成」はそのアタマに前座的に入っていた。

マーラーが一九三八年（昭和一三年）の録音で、「未完成」の方は一九三六年（昭和一一年）の録音であるから、ぼくはたぶん、あれであろうと思った。

よしんば違った録音であっても、あの当時のワルター／ウィーン・フィルには違いがない。

ぼくはこういうことをあまり調べないタチで、これまで平気で済ましてきた。

その日、マーラーの方を先にかけた。

——戦時下のウィーンのこととて息を呑むような張りつめた空気が伝わり、ぼくは不覚にもこっちで感動（！）してしまった。

「『未完成』は後にしよう」とぼくはそのレコードをいったんしまった。

いざとなるとなかなか聴く勇気が出ない。

ぼくの耳に残っている「未完成」はずーっと、あの、子供の頃に蓄音器で聴いたブルーノ・ワルターの「未完成」だ。〃中間〃はないといっていい。

たまたま今、白日の下にその想い出をさらけ出そうとしているのだ。
もしも、ぼくの記憶とそれがあまりにもかけ離れていたらどうしよう……。困ってしまうではないか⁉

別れた女にはもう会わない方がいい、ともいうし……。

などとブツブツいいながら、約一週間が経った。

ある晴れた日の昼下がり、ヨシ！　決めた、今日こそこれを聴いてやろうではないか‼　という気分にようやくぼくはなった。

入口付近を見渡し誰もいないことを確かめ、中からカギをかけてタバコを一本吸ってから、おもむろにぼくはそれをかけた。

冒頭のピアニシモの部分が鳴り出すと、なんということだろう！

「これだ」とぼくは心の中でつぶやいた。

演奏が進むにつれ、フレーズの唄い方ひとつひとつが、〈音〉が、まぎれもなくあの、自分が子供の頃に聴いていた「ぼくの『未完成』」であった‼

ジムランの3ウェイ・マルチアンプシステムは当時のSP盤の音をそのまま再現しているではないか。

第一楽章が終わる頃には、ぼくはすっかり〝不安〟から解放され、やすらぎと、なつかしさにひたっていた。時はすでに三五年以上を経過していた。

「ぼくの『未完成』は、やっぱりこれだったか」

演奏の好き嫌いは人によって違うものだし、何でもいいよ、という人もいる。

ぼくも、そういうことは極めて個人的な事情によるものだと思っている。

此処で重要なことは、一般的にはあやふやなものだと思われがちな〈音〉を、耳はしっかりと記憶していたという点だ。

ぼくは、このことに大変感激をしたわけで、それならば、次のお楽しみは、メンゲルベルク／アムステルダム・コンセルトヘボウのベートーヴェンの「運命」を聴く日だが、気を利かしてLPを送ってくれるようなことは、あと一五年ほど先にしていただきたい。

こうなったら、蓄音器で聴いていた当時から数えてちょうど五〇年後に、自分の〝記憶〟をもう一度試してみたいからである。

34　楽しさの定義

「聴きやすくて良い」という言葉は、人を馬鹿にしていると思う。

「食べやすい食べ物」「飲みやすい飲み物」も同じで、軟弱だ。

オーディオの音以前に、そもそも音楽が「聴きやすくて良い」などというレベルで語られること自体に間違いがある。「読みやすい本」ばかりを読んでいたら、馬鹿になるだろうが。

ついでに、聴いて〝心地良い〟〝楽しい〟といった言葉も、その定義づけを良く洗ってみてから聞かないと意味が通じない。

難解な音楽を、考えごとをしながら聴くのが〝心地良い〟人だっているのだし、いったい何が楽しいのかは人それぞれの勝手で、他人が画一的に「暗いですネ」などと余計なおせっかいをやくことはないのだ。暗い人は明るい人を見て（何が楽しいのだ）と思っている場合の方が、うらやましがっている場合よりも多いのだ。

だからモーツァルトがヒップでベートーヴェンがスクエアみたいにいう最近の流行りも気に喰わない。

そういう問題ではないと思うのだ。

いや、ベートーヴェンがではなく、それではモーツァルトが可哀相だと思ってサ。

問題は、流行に乗らないのがイモだと思って焦る、その気持ちにあるのだから、各人それぞれもっと気を確かに持っていただきたい。

レコードも針もなくなったらシラケルでしょうが。

[CHAPTER.VIII]

35 音の都合

ある時、ジャズなど聴きそうに見えない人が来て、来ても構わないのだが、ちょっと座ったあと「ここの音はカタイですね」と断定して出て行った。

「クソッ！」と思ったが無理もない。

その時、当店ではよくかかる、ブルーノートのギンギンのがかかっていた。

単に、ぼくの運が悪かったのだが、向こうは鬼の首でも取ったかのような気分でそのセリフを吐いたろうよ……。

「金属的な音がしますな」といい残して出て行った奴もいたな。


サテ、「音楽は理屈じゃない」とよくいいますが、知らないよりは知ってた方がいいこととか、知っててもらわなきゃ困る、というものも、タマにはありますゼ。

レコードには、特有の〝レーベルサウンド〟というものがあって、我々が〝レコードを聴く〟ということは、その〝レーベルの音を聴かされている〟、といってもたいして過言にはならないほど、このレーベルの音というものはシッカリしたものだ。

シッカリ者の証拠に、レーベルの音というものは、我々が暇さえあれば口にする、〝録音の良し悪し〟を超えたところになおも存在する、というふてぶてしさを挙げたい。

録音の、〝いい〟〝悪い〟は、どのレーベルにも結果的に生じる、ま、賭博性の強い性質のものであるが、レーベルサウンドは、株式会社のポリシーであり、政策であるから、方針通りに何枚でも作らなければいけないことになっている。

〝シッカリ者〟とぼくがいう所以だ。

そして、レーベルサウンドにぼくはたぶんに〝職人性〟も色濃く感じとっている。

芸術家と職人の違いは？　と訊かれた職人が、「同じ物をいっぱい作れるのが職人」と答えたというから、そういうことにしておこう。

それはいいとして、好き嫌いは犬猫サカナにだってある。

人には、好きなレーベル、嫌いなレーベルというものがおのずとあって、どうしてくれるといわれたって、知ったことではないが、アーチストとレーベルは往々にして専属契約で結ばれているから、贔屓のアーチストが贔屓でないレーベルに移籍したら、一緒に引っ越すか、石をぶつけるか、我慢して聴くか、とにかくどっちみち、レコード愛好家の〝立場〟など初めから、あるようでなかったのかもしれない。

クラシックは一般的に良識的だから、「ロンドン／デッカ」で聴いたウィーン・フィルが「ドイツグラモフォン」で聴いて、いきなりベルリン・フィルに聴こえるようなことは決してないが、ジャズだって、まさかそこまで非常識ではないから安心していただきたい。

「ルーレット」で聴いたって「ヴァーヴ」で聴いたって、カウント・ベイシーはカウント・ベイシーで、デューク・エリントンに聴こえるようなことは（クラシック以上に）絶対にないと思う。
とはいうものの「ジャズだから」やっぱりレーベルごとの個性の違いはクラシックの比ではないと思う。

この手の引き合いで最もよく人の口にのぼるジャズのレーベルに「ブルーノート」と「コンテンポラリー」があるが、他にたくさんあっても日が暮れるまではとても話せない。

この二つのレーベルがよく人々の口にのぼるのは、「ブルーノート」が東海岸《イーストコースト》、「コンテンポラリー」が西海岸《ウエストコースト》と〝東西〟に分かれているために、何かと比較しやすいためもあるのだろう。

陽射しというものが人身に与える影響は大したものだというが、そうだと思った。

〝東〟のジャズは「ギッ」と重いが、〝西〟のジャズは「ハッ」と軽い。

同じ理屈で、「ブルーノート」の音は「ギッ」と硬く、「コンテンポラリー」の音は「ハッ」と軟らかい。軟らかい、といったって、アナタ、ジャズの中での話だが……。

ジャズ者なら誰でも知っていることだが、「ブルーノート」の音はルディ・ヴァン・ゲルダー、「コンテンポラリー」の音はロイ・デュナンという、二人の男が作ったものだ。写真で見ると、顔つきもその通りだ。

もちろん、ジャケットデザインもその通りで、双方のジャケットを眺めただけで、もうその〈サウンド〉が聴こえてくる、というこいつらはシロモノだ。

例えば、一番わかりやすい（?）ドラムの音で説明すると、早い話、ルディ・ヴァン・ゲルダーの録《と》ったトップシンバルのシンバル・レガートとスネアドラムの音は〝生〟よりいいが、ロイ・デュナンの録った〝ドラム・セット〟の音は、〝生〟そのものだ。

参考までに、シンバルの音は「インパルス」が最高だが、これもヴァン・ゲルダーの仕業。ピンの絞り方が違うのだが、双方とも、そのジャズを伝えるのに一番いいと思われるところにピタリ！ とピンを合わせた、いい意味での〝誇張感〟が、好一対の二つのジャズサウンドを作り上げているのだと思う。

変な話だが、当店では時々、マイクを一本も立てないライヴをやる。

それがもちろん一番いいのだが、だがしかし、ドラマーの叩くトップシンバルの〝ビート〟だけは、もうチョットそばへ行って聴きたい、つまり、レコードのように（？）聴きたい。とヽヽヽ、ウッカリ思ってしまう。その時、あの音を作ったヴァン・ゲルダーの気持ちがわかるような気がするのだ。

〝いい意味の誇張〟といったのは、本人より本人らしい肖像画のように写実の原理、みたいなもので、だから、レコード音楽を語る場合、これを全面否定するのは、ナチュラルに、と申してもちと無理があるのではないかと思う。

今回は取りあえず、ジャズの極めてポピュラーな二つのレーベルの音を随分とはしょって比較したにすぎないが、現実には無数にあるレーベルサウンドを、ぼくらは、意識する、しないにかかわらず聴かなくてはならない。そうなると、我々〝再生〟側は、これに対してどういう理論で当たったらいいのか……考えてる人もおれば、一向に考えてない人もいる。

〝感じる〟気持ちには理屈はいらないだろうが、そこまでのお膳立ては全部〝理屈〟がらみだということを、あん時の捨てゼリフのお兄さん、知ってるのかよオ?
知ってた方がいいことを知ると、より正確な感動を、ぼくは覚えます。

36 チャンスはバテた頃やって来る

必ずしも元気な時にうまくいくとは限らない。

それが大掛かりなオーディオ装置ならなおのことだが、たいていは体調のいい元気な時にそれに立ち向かうのが常識で、疲れ果てた時にへたに手を掛けると目茶苦茶にバランスをくずしたり、スピーカーをぶっ飛ばしたりしてロクなことがないのが普通だ。

だから元気のない時には余計なことはしないで、タバコでも吸っておればよいのであるが、稀に妙なことが起こる。

疲れ果てて、精も根も尽き果てた時に、それまで思いもつかなかったことを半ばフラフラッと行なって、それがうまくいったりすることがあるのだ。

さんざん手こずった方なら思い当たるフシがあろうかと思われるが、実はぼくもこの二〇年ばかりをふり返ってみただけでも、この〝稀〟なことが何度かあって、それに助けられた。

稀なことがそうたびたびあっては困るが、これを書いている今夜、それが久々にやって来たのだ。

ゴールデンウィークは国民的な連休であるにもかかわらず、ぼくは今まで一日も休んだことがない。珍しく店が混むからに他ならないが、今年のゴールデンウィークもやっぱりソコソコに混んだ。友人も入れ代わりやって来るからロクに寝る暇もない。

連休が終わってヤレヤレと思っていると坂田明トリオのライヴが待っており、坂田明は久々の「ベイシー」でのライヴに気合が入っていたから二日も前から〝一関入り〟をした。

ライヴに備えてもちろん練習もしたが、近くの沼で採集してきたミジンコを主に観賞しながら毎晩飲んだ。

こうして半月ほど寝不足が続いたのち、ぼくは、今夜こそはバッタリと倒れて早く寝るのかと思っていた。それに本日は水曜日で定休日でもあった。

〝妙なこと〟は、えてしてこうした時に訪れる。

何も定休日にレコードを聴くこともないのに、今日は一日中なす術もなく一人でボンヤリとレコードを聴いて過ごした。

深夜になっても何故か店から離れようとしない。

ぼくの好きなドン・バイアスのモノーラル盤を聴いていた時であったが、タバコをくわえたままフラフラとスピーカーの前に立った。次にフラフラとアンプの前に立ち、何を思ったかアンプの電源を切り、あるところをいじった。何故ソコをいじったのかは自分でもわからない。土台、ぼくのジムランのアンプは原則的に二〇年間以上電源が入りっ放しで、カミナリでも落ちない限り滅多なことでは電源を切ることはない。いくら寝不足でフラフラとはいえ、そこは長年のキャリアというもので手順に狂いはない。慎重に電源を入れ直し、新しいタバコを一本吸ってからマイルス・デイビスの『リラクシン』をかけてみた。これもモノーラル盤である。

これは他人に説明するのは甚だ難しいことであるが、ぼくは一〇年ぶりぐらいの興奮を覚えて次々に気になるレコードをかけまくった。

何がどーなったのかはちょっといえないが、ぼくにとってはそれはとても重大なことであったから、こうなるともう寝不足もへったくれもなく、時間も、世の中のことも忘れて聴きまくった。

だから、きっと外はもう明るくなっているに違いない……。

必ずしも元気な時にうまくいくとは限らない、といったのは、こういうことがあるからということ意味なのだが、考えられるのは、元気な時は自分が自分でありすぎるために、自分に考えられないことには気がつかないままでいることが往々にしてあり、一方、欲も得もなくモーローとしておれば〝自分〟の部分がほとんど稀薄なわけであるから、そこへどこからともなく〝お告げ〟がやって来る可能性があろうというものだ、ということだ。

だからといって、常時モーローとしていたのでは棚からボタモチは落ちては来ないが、ぼくはかつて二日酔いの朝に、モーローとして聴いたミケランジェリのドビュッシーを全面的に受け入れることに成功した憶えがある。

いったい何が幸いするかわかったものではなく、この半月余りの〝過労〟と〝寝不足〟の日々は、今夜の成功のための予備運動であって、やはり、ただ無駄酒を飲んでいたのではなかったのだ。

ということにしておこう。

37　旅をする人、しない人

ある新聞の日曜版か何かに旅のエッセイが連載されており、何を間違えたか、ある時ぼくにそれが振られてきた。

ホンの短いものではあったが、旅をする人に比べればぼくはほとんど旅をしない。

何しろぼくは、この二〇年間というもの、「ベイシー」の中に居座ってＪＢＬのスピーカーと対峙して暮らしてきたといっても過言ではなく、たまに出掛けたといっても、それはほとんど用事で出掛けたのであって旅とは言い難いものである。

それよりも何よりも「どっかへ行きたい」と口ではよくいうものの、ぼくは本心からそういってはいない様子だ。

もしも本気でそう思ったら、ぼくは他のそういう人達同様、たとえ地の果てだろうが、とっくに行ってるはずである。

基本的にぼくは、どこにも行きたくないのだろう。

ここで、ＪＢＬのスピーカーが素晴らしい音で鳴ってくれたら、それはぼくにとっては世界のどこへ行くよりも素晴らしく、エヴェレストの頂上に立ったようなコーフンを味わうことができるのだと思っている。

ぼくの小学校の同級生に千葉輝昭《ちばてるあき》君という気の合う奴がいた。よく、魚とりをして遊んだ仲であるが、転校してしまってその後ずっと離れ離れで今日に至っている。

不思議なことにいまだに奴とぼくは、お互いに親友同士だと思っている。

一〇年ぶりくらいという感じで奴と会って、そして別れた日のことをぼくも奴もよく憶えている。

あれはたぶん、一九六六年（昭和四一）前後のことだったのだろう。

日比谷公会堂で早稲田のハイソサエティー・オーケストラのコンサートがあり、奴はそこにオートバイで現れ、そして、そこで別れた。

奴は「これからオートバイで世界一周に出掛ける。生きてたらまた会おう」といって日比谷公園の暗がりに消えた。

「オレは、このままバンドをやってるから」と、何だかスケールの小さいことをぼくはいったような気がする。
五、六年経って奴からインドの絵ハガキが届いた。忘れていたわけではないが、どうやら奴はインドで生きていたみたいだった。
事実、世界中を廻ったがインドが奴の性に一番ピッタリ合ったらしくて、ほぼそこに定住していた。坊主の真似事をして、相変わらず魚とりをしたり、山に登ったりしていた。

「インドはいいぞ。インドに来い」

インドに来いと、奴はそれからたびたびぼくにハガキを寄こした。ぼくはその頃すでにバンド生活から足を洗って「ベイシー」の暗がりにこもっていたが、ジムランのスピーカーから出る音のスリルに比べたらインドなど「別に」という感じでいわせておいた。

結局奴はアフリカのセメントプラントで十数年働きながら、インドはもとより、そこらじゅうを旅して歩く生活をずっと続けて現在に至っている。その間の模様はこちらの『東海新報』という新聞に寄稿して連載されているので、それは今では莫大な量に達している。奴は以前に新聞記者からトビ職までやっている。

ルバング島で小野田サンを〝発見〟した鈴木紀夫《すずきのりお》さんとも奴は冒険仲間であった。ヒマラヤで雪男を発見した鈴木紀夫さんは、雪男と再会しに行って雪崩に散った。その時の彼の遺体捜しのくだりをぼくは奴から詳しく聞いた。奴も線香をたきにわざわざカトマンズにまた行って来たという。

この、小学校時代の同級生だった千葉輝昭という男は、この数十年、帰国することにたびたび「ベイシー」に現れるようになった。

初めのうちは「こんな店止めてインドへ一緒に行こう。あっちで暮らそう」とぼくをそそのかしていたが、ぼくが、あまりにもこの通りなので、最近ではほとんどそれをいわなくなった。それは、ぼくがちょっとしたことを奴にいったからだと思う。

ぼくはその話を、頼まれた新聞の「旅・エッセイ」に仕方なく書いてお茶を濁したのだが、ある時、奴がハガキで「インドは素晴らしい。道端に座っている僧侶を見ただけで感動するだろう」みたいなことをいってきたので、面倒くさくなったぼくは「オレは、その僧侶の側になりたいのだ」と、返事を書いてしまったのだ。

何かを見て感動する奴も偉いが、感動させた奴はもっと偉いのだとぼくは思っている。

風景を見て感動したところで、偉いのは風景の方であって、人がホメようとホメまいとそれはお構いなしにただ〝在る〟のだと思っている。

いったい旅人は、自分が見たという感覚が優先して、自分が見られたという感覚が稀薄だ。

例えばの話、観光地のおみやげ屋のオバさんのほうが、通過する観光客をよく見ているのだ。テレビの旅番組の多くが往々にして一方的なものに終わるのは、地域住民から見たテレビ取材班が、実は逆に見られている、という気分を忘れているからに他ならない。

もちろん、例外はある。村松友視さんのようなヒネた人や、永六輔《えいろくすけ》さんのようなコワイ人に踏み込まれると、地の利があるはずの地域住民がややもすると無自覚である部分を一発で見破ったりもするから、どっちにしろ旅はシンドイ。

イスラム教に対抗してぼくはイスワル教を唱えてきたが、でもしかし、〝居座る〟側を二〇年やったぼくが、久しぶりにこのあいだ旅をした。

「……そしたら、ニューヨークはまた、ぼくに新しい顔を見せてくれた」と、その「旅・エッセイ」を結んだら、これを読んだムラマツさんに「いったいこれはなんだ⁉　ズルイ‼」と、ぼくは一喝された。

さんざん好き放題いっておいて、最後にこれはないだろう！「ズルイ！」というのだ。
ズルイはずだヨ。
旅は、しないよりした方がいいに決まってる。
〃油断〃さえしなければサ。

38 撤退する勇気、失敗する度胸

時には撤退する勇気も、オーディオには必要だ。

わかったような口を叩くようだが、実は、最近になってようやくそういう心境に達したのだ。

初めから、何かといえばすぐに撤退していたのでは始まらない。

ぼくは、そもそも撤退しないタイプだ。

山に登れば二度ばかり遭難したし、海に出れば岸に戻れず、沖でしばらく漂流をしていた。

高校三年の夏に、ドラム缶を四つ繋いだイカダを作って北上川を一路太平洋に向かって下った。ぼくの長兄と、その同級生との三人組であったが、初めの二日間は天国であった。釣り糸をたれたり、持参のトランペットを吹きながら悠々と北上川を下って行った。

三日目に台風一三号と遭遇して、イカダは木の葉の如く波にもまれた。

断っておくが、北上川は大雨が降ると水位が一挙に一〇メートル以上上がって、様相を一変させるコワイ川だ。

当然ながら、「北上夜曲」というのは、平和な時の北上川の情景を歌ったものだ。

ここで、ぼくと長兄の意見の喰い違いが出た。

長兄は、「ここで中止だ」といって岸にたどり着こうとした。

ぼくは、増水して川の流れが速くなったから、アッという間に石巻（太平洋側）まで行けると思って「このまま行こう！」と主張した。

長兄は、山頂を目前にして下山するタイプだし、ぼくは遭難するタイプだ。

もう一人がニコニコしながらぼくをなだめて、ようやくイカダは岸辺にたどり着いた。

土地の住民がぼく等の様子を見ていたらしくて、何人かの人が着岸を手伝ってくれた。

「どこから来た？」というから、

「一関から」というと、

「そういえば、昔、流れて来たのがいたナ」といわれてガクッときた。〝先客〟がいたのだ。

一九四七年（昭和二二年）と四八年（同二三年）に一関市は大洪水にみまわれて、計六〇〇人もの人が亡くなっているが、本流である北上川に流された人の何人かが、崩壊した家の屋根などに乗ってこんなところまで来ていたのだ！

こっちは遊び、向こうは必死であったろう。

汽車で一関に戻ると、地元新聞にぼく等のことが写真入りで出ており、何でもぼく達は北上川流域のカモの生態調査に出かけたことになっていた。猟友会のオヤジが口から出まかせをいったのを新聞社が真に受けたのだ。

あの時のことを、ぼくはつい最近まで「長兄のおかげで命拾いをした」とは思っていなかったのだが、どころか、依然として「あの勢いで流されておれば、太平洋まですぐだったのに……」と悔やんでいた。

こんな話は他にも山とあって、この一例をもってぼくの性格をだいたい判断していただきたい。

その、馬鹿なぼくがいうのだからかえって信用できる。

時には撤退する勇気を、オーディオにおいて、思い出してみよう。

具体的には、高いカネ出して買ったアンプやスピーカーを捨てて、ムカシ使っていた〝安物〟アンプやスピーカーをひっぱり出してみるとか、そういった話。

ムカシ、音楽に確かに感動した頃の自分の〈音〉を、周囲の情景を。知らず知らずに失ったものの、なんと大切だったことか……。

39 気分転換の功罪

気分転換はなるべくしない方がヨロシイ。

せっかく見えかけていた〈音〉を見失う可能性があるからだ。

〈音〉は〝イメージ〟の追求だから、気分を転換したついでに〝イメージ〟まで変わってしまい、元の状態に戻るのにまたしばらく時間がかかってしまうのだ。

これが面倒くさくて、ぼくはなるべく気分転換をしないようにしている。それどころか、ある〝気分〟をいかに持続させるかに、ぼくはより多くの努力をはらっているといってもいい。

だから、着るものも日替わりにするような馬鹿なことは絶対に、しない。

黒のトックリセーターを着たら、一冬それで通す。

いきなり赤や黄色のセーターなど着たらキケンだ。

髪型もほとんど変えたことがない。

一度、〝オールバック〟みたいにしたら、中村誠一に「気持ちが悪い」とコテンパンにケナされ、翌日バッサリ切った。そしたら正気に返った。

歳をとったのか、最近、ものの考え方も少し分別くさくなってきて、自分でも気に喰わない。

〈音〉も、だから、これで昔に比べるとだいぶ分別くさい音になっているのだ。たぶん。

昔は、もっとハチャメチャな面白さが〈音〉に、あった。

途中で、〝気分〟が変わるような出来事があったのがイケナイので、歳のせいだとは思いたくない。

〈音〉は左様な次第で、変えるより、変えない方が難しいのだ。

八つ当たりみたいだが、メーカーは〝改良〟と称して音を少し変え過ぎはしないか⁉

世の中には、〈音〉も〝気分〟もあまり変えたくない人だっているのだから、一方のニーズにも、きちっと応えてほしかった。

楽になりたかったら、だから気分転換なり性転換なり、したらいいと思う。

[CHAPTER.IX]

40　エルヴィン・ジョーンズのバンソーコ

エルヴィン・ジョーンズがやって来た。

前回は、トランペットのフレディ・ハバードを含むクインテットだったが、今回は一人で来た。

エルヴィンの今回の来日は、コンサートのためではなく、翌秋に予定されている「ジョン・コルトレーン没後二五周年記念コンサート」の打ち合わせが主な目的であったから、いわば非公式の来日という趣だった。

マイルス・デイビスが死んだというニュースが伝わった日に、NYのエルヴィン・ジョーンズから電話があり、「ついでに、お前の店でライヴをやってもいい」ということにあっさりと決まったのだった。

エルヴィンは今回は楽器を持たずに〝丸腰〟で来るというので、ぼくは「ベイシー」のグレッチ(ドラム)の大掃除を始めた。ヘッドもだいぶヘタっていたから、高知の「ミレナ楽器舎」に一式送らせて全部新調した。「ミレナ楽器舎」の社長は、早大ハイソサエティー・オーケストラ時代のぼくの同級生で池昌夫《いけまさお》君といい、当時はリード・トランペットを吹いていた人物だから〝格安〟にしてくれると踏んだのだ。

それから、これはいつもはやらないのだが、友人の結婚式場からステージ用の山台を二台借りて来て、その上にグレッチのドラムをセットした。

今回はドラムの完全ソロでもあるし、地ベタのジュウタンの上では響きが悪かろうと思ったのだ。

シンバルの音も含めて、ドラムの音はやはり板の上が一番だ。

さて、これだけやれば、あとはエルヴィンがバッチリやってくれるだろう。急な話にもかかわらず、キップの売れ行きも上々で当日の満員はほぼ確実だ。

エルヴィンは、本当は一人ではなく、正確には奥さんと二人でライヴ前日の一〇月一六日に一関に到着した。いつも前日に来ることになっているが、こうすれば帰る日も入れて三日間一緒にいられることになり、リラックスできるのだ。シゴトをすればいいってものでもない。

——ジャズは。

エルヴィンは、キリンビールをオン・ザ・ロックで飲むのが大好きなので、エルヴィンがいる間はぼくもこれに従うが、ぼくは本当はサッポロ〝黒ラベル〟が一番好きだ。

死んだマイルスの話はあまりしない方がよかろうとぼくは思った。

マイルスから離れたジョン・コルトレーンとエルヴィンは、共に別の道を歩んだミュージシャンだ。

ぼくら聴く側のジャズファンは、あっちもいいがこっちもいいみたいな聴き方でいいのだが、〝当事者〟は立場が難しく、我々のようにナアナアでは済まされない問題を抱えていたりするから、軽率なお喋りは禁物だ。

現に、滞在中エルヴィンにコルトレーンのレーザーディスクを観せたところ、ベースのレジー・ワークマンがしたり顔でデカイことをいっている箇所で、「ムッ」としたエルヴィンは急に不機嫌になってしまった。

「奴はデタラメいっている!!」と本当にオッカナイ顔をエルヴィンはした。

ぼくは困ってしまって(早く場面が変わってジミー・ギャリソンのベースにならないかなア)と祈ったが、なかなか変わらない。結局、途中で〝観戦〟を打ち切って話題を変えた。

あそこで、レジー・ワークマンではなく、ジミー・ギャリソンが出ておれば、エルヴィンは「ウハウハ」いって、手を叩いて喜んだろうに、クソ!!

このように、ジャズの歴史を生き抜いてきた〝本人〟を相手にする場合、通常の甘っちょろいジャズ談義は通用しないことがあることを知っておいた方がいい。

エルヴィンが、数年前にトルコのジルジャンのシンバル工場を訪問した時のことを、ぼくはもっと詳しく知りたくて尋ねてみた。

「よくぞ訊いてくれた!」という顔でエルヴィンは嬉しそうに力を入れて喋ってくれた。

親子代々、家内制手工業のジルジャンの工場は、誰にも内部を見せないことで有名だ。

ジルジャンのシンバルには昔から「Aジルジャン」と「Kジルジャン」の二種類があるが、アメリカで作られたのが「Aジルジャン」、トルコで作られたのが「Kジルジャン」で、ピアノの「ニューヨーク・スタインウェイ」と「ハンブルク・スタインウェイ」みたいなもの、といえばわかりやすいかもしれない。

「ところで、『Kジルジャン』のKってなんのK？」と大変初歩的な質問をすると、エルヴィンは「人の名前だ」と、馬鹿にしないで答えてくれた。

「K・ジルジャンという人があれを作ったのだ」そうだ。そして、「彼は、最近死んだ」とつけ加えた。

「？」

K・ジルジャンという人が最近まで生きていたことが、ぼくには不思議に思えたが、そんなものかもしれない。

だから、最近エルヴィンが愛用しているイスタンブール印ジルジャンは「Kジルジャン」とまったく同じものなのだそうだ。

そして、エルヴィンの持ってくるイスタンブールは特に素晴らしい音がするので、それも訊いてみた。

あれは、工場を訪問した時にそこで選んだもので、ジルジャンの工場で熱烈的歓迎を受けたエルヴィンは、

「好きなだけどうぞ選んでください」

といわれ、目の色を変えて何十枚も〝宝の山〟から選び出したらしい。

そして、トルコ・マネーに両替していった金《カネ》を全部差し出すと、

「カネはいりません。貴方に使ってもらえることを光栄に存じます」

みたいなことで、全然カネを受け取らなかったという。

いい話だと思った。

ぼくも、ＪＢＬ社からそういわれるような立派な人に早くなりたい。

この時、エルヴィンはシンバルをもらったばかりか、高さ八メートル（！）はあろうかと思われる巨大な花束までプレゼントされたという。部屋にはとても入らないのでホテルのロビーに飾ったという。

いい楽器を作るだけあって、さすがにジルジャンの工場にはハートがあるなア、とぼくはこの話にいたく感心してしまった。

その、トルコの〝宝の山〟から持ち出された〝宝物〟のようなエルヴィンのイスタンブールが、一〇月一七日のライヴ当日、グレッチという、宿命的な相棒と絡み合って「究極！」ともいうべき戦慄のサウンドを店内いっぱいにまき散らしたのだった。

翌朝、ホテルのレストランでエルヴィンに会うと、白い歯をむき出しにして両方の大きな手を開いて見せてくれた。バンソーコをはがすと……。

なんと!!　エルヴィンの両手に、今にも破けそうな大きなマメが二つ、できていたのだ!!

エルヴィン・ジョーンズともあろうドラマーが、今さら手にマメを作るほど一人で頑張ってくれたかと思うと!!

笑いはしたが、ぼくがそのマメに感謝したのはいうまでもない。

41 針交換のタイミング

夏の終わり頃、久しぶりにシュアーV15／TYPEⅢのボディ（本体）を新調した。針交換が頻繁なために、交換針を差し込む穴がブカブカになり、レコード演奏中に「ポロッ」と針が抜け落ちてレコードと一緒にクルクルと廻っていることがよくあってみっともない。SMEのアームはハネ上がったままだ。

急に音がなくなるから、聴いていたお客さんはビックリするらしいが、顔も上げずに平気で本読みを続行している客もいる。

こうなったら仕方がないから、細く切ったセロハンテープを用意しておき、針交換のたびに横をペタッとこれで止めておくのだが、その状態でもう三年は経っていた。

こうして乗りつぶしたTYPEⅢのボディは、もう五、六個になる。

考えてみれば、毎年一〇〇本近くの交換針を買い、採用するのはその中の一割ぐらいだが、今までにかけたレコードはのべにして三〇万枚は軽く超えただろう。

消耗した交換針の数は数えようがないが、カートリッジ本体もなるほどそれくらいの数は使い切っているはずだ。

いいお客さんがいて、たまに「よかったらどーぞ」といって使わないTYPEⅢを持って来てくれる人がいる。

今回新調したのもその中のひとつだが、大いに助かる。

ある人に大事なものでも、ある人にとっては「別に」というものがある。

こういう場合、どうでもよい人は、どうでもよくない人に気持ち良くくれてやるのが世の中を良くする第一歩につながるから、レコードを見限った人は、〝あきらめきれぬ人〟に「あとをよろしく頼みます」と言い残して、プレーヤー、アーム、カートリッジ、そしてレコードといったものを全部くれていってほしい。ただのゴミにする手はないからだ。

サテ、夏の終わりにカートリッジ本体を久しぶりに新調して見違えるように音が良くなったとしたら大変だ。それまでの間ヤバイ音を聴いていたことになるからだが、ご安心、せっかく新調したのに何も変わらない。それでいいのである。ただぼくがセロハンテープを貼る手間がはぶけただけ楽になったというだけのことだ。使い古したボディも、だからぼくは、自家用に使ったりして全部とってあるし、必要な人にはあげたりもしている。物はこうして大事に使いましょう。

現実問題として、レコードの耐久レースをやっていると、一番神経を使うのがこの〝針交換のタイミング〟という奴だ。

コンディションのいい針が少なくとも三本以上手元にある時は、それはかなり楽なレースはこびとなるが、手元不如意の時はほとほと神経を使うものだ。

現在使用中のものが〝一番手〟だとすると、客もいない時にその一番いい針を減らすのはもったいない、とまず思うわけだ。

それで、その間、ハネといたあまりパッとしない針を差し替えてかけていたりする。そういう時に限って〝誰か〟入って来るものだ。『ステレオサウンド』の愛読者風でもある。(サテ、どうしよう)と、失礼ながら人を読むのであるが、たいていの場合、大事をとってさっきはずしておいた一番いい針に戻すのである。往々にしてせっかくいい針に替えたのに、その客は読書を終えるとサッサと帰ってしまったりするが、そんなことでいちいちめげてはいけない。

こうして、何のかんのいっても、やっぱりその都度〝一番手〟の針が減っていく、これは運命になっているようだ。

そして、いくらいい針にも寿命というものが来る。一カ月も経つと、そろそろその〝時期〟がやって来るのだが、〝一番手〟があまりパッとしない場合が、困るのだ。

パッとしない〝新品〟よりは、少々減っていても素性のいい針の方が、なお、音楽的にいって上をいく場合が多いからだ。

こういう場合は、ギリギリまで引きつけて、いよいよ「これなら、多少悪くとも新しい方がいいか」と自分であきらめがつくまで待つのだ。その間に、ポロッといいのが転がり込むことだってあるから、無駄に引きつけておくのではもちろん、ない。

悲惨なのは、誰か、音のわかる人が来て、いったん交換した新しい針でスタートしたところ、途中で(やっぱり駄目か)とわかり、また古い方の針を差し替えたりした時だ。大概の場合、その人も一緒になって「オ⁉ こっちの針の方がいいですネ」というのだが、如何せん既にだいぶ減っているわけであるから完璧ではない。どこかで精彩を欠く。言い訳をするから疲れる――という、あまり酒もバラもない展開になってしまって後味が悪い。

今年の夏は、そういった意味では比較的気が楽であった。七月の下旬に、CBSソニーの伊藤八十八君が持って来てくれたVN35E（交換針）二本が結構使えそうだったのに加えて、その彼と二人で押し込んだ一関市内の某「第一電気」の三階の倉庫から、カバンにひとつ、様々なカートリッジや交換針をゴッソリと頂戴して来た中に、一本妙にいいのが、交じっていたからだ。

ぼくは通常、TYPEⅢの交換針はVN35E以外は使わないのだが、カバンの中に入っていた赤いチップのMRを、客のいない時の〝間に合わせ〟に使っていたら、これが段々と良くなってきたではないか⁉

（そんなハズはない）と以前ハネておいた別のMRを差し替えてみると、これはやっぱり最初の印象通り、あまりシックリとこない。甘い。

つまり、今回かっぱらってきたMRが〝当たり針〟で、これが妙に良かったのだろう。

まぐれは大事にした方がいい。

まぐれだろうが何だろうが、いい音がしたらこれを素直にありがたいと思わなくてはいけない。

それでぼくは、この一番忙しい夏の八月いっぱいを、本命のVN35Eに手をつけずに、いわば〝代打〟のMRで図々しく押し通したのだった。

だから、気が楽だった。

秋に入ってとっておきのVN35Eに切り替えたが、この差はちょっと誰も気がつかなかったと思う。

サテ、気がかりなのは、今ある二本を使い切ったあたりに一二月を迎えるということである。一二月といえば師走。師走といえばクリスマス、忘年会シーズン。

こうしている間に〝暮れ正月〟用の飛び切りのVN35Eをもう一本、今のうちになんとか見つけておきたい。

そうでないと枕を高くして正月を迎えることができないことになるからだ……。

レコード耐久レースの〝針交換のタイミング〟。実は、地味ながら、長丁場を生き抜く、避けて通れぬ、ここが一番のポイントだ。

42 素晴らしいオーディオの原理

幸福な時より、絶望的な時が多いのが大方の〝オーディオマニア〟の日常であろうと思われるが、たまに〝会心の音〟がスピーカーから出たとすると話は一変する。

それまで「コンチキショー」と思っていた自分のスピーカーが急にいとおしく見えてくるし、アンプだってプレーヤーだって実に良くやってくれるナ、とねぎらいたい気持ちが、これも急にわいてくる。

第一、それまで何もかもつまらないと思っていた世の中が急にバラ色に見えたりして、一時《いっとき》とはいえ、聖なる喜びを全身に感じ、外を歩いている時の足どりも軽い。「レコードをかけさえすれば、めくるめく音の世界が今自分にはあるのだ」と思っただけで、音を出していない、つまりOFF TIMEまで幸せな気分だ。

そして、こういう時にはレコードを含めたオーディオの原理そのものにまで感謝の念がわいてくるものだ。

レコードというものは、発明されてから一〇〇年ぐらい経っているのに原理はほとんど同じで、今日までずーっとそのまま通用してきた。

まずそのことに、改めて驚く。

カートリッジも、初期の蓄音器時代のピックアップの原理を発電型に代えただけで、ほとんど似たようなものだが、一本の針（スタイラス）で左右両チャンネルのステレオ信号を読み取る、ステレオの原理もこれまた凄い！　と思う。

最近になって、針の代わりにレーザー光線をあててレコードに刻まれたアナログ信号を読み取るレーザーターンテーブルというものが遂に完成して、ぼくも入れてみたが、なかなかこれは感心すべきシロモノだ。

しかしながらである。しかしながら、この現代のNASA御用達超ハイテクを駆使してようやく実現を見たレーザーターンテーブルの動作を眺めていると、皮肉なことに（感心はするのだが）逆に針はエラかったなアと、つくづく思うのだ。

こんなことをしなくとも針一本で済ませていたことが、誰が何といおうと凄い!!

もしも誕生が逆であったら、一本の針に世界中が拍手喝采、スタンディング・オベーションものだったと思うのだ。なにせ、部品の点数は何万分の一で済んでいるわけで、これを〝進歩〟といわずしてなんといおう！

同じ理屈で、カートリッジを支えるヤジロベエみたいなトーンアームの原理も、これまた簡単ながら凄いと思った方がヨロシイ。

サテ、アンプは「別に」という感じだが、実は、それが一番いい状態だ。

やっぱり調子のいい時に一番感激するのはスピーカーだろう。

正直いって「なんでこんな音が出るのだろう？」とぼくはいつも不思議に思う。

スピーカーユニットの原理は単純だから誰だって知っている。こういっちゃミもフタもないが、紙みたいなものにコイルを巻きつけて〝振動〟させるだけだ。そんなものであらゆる楽器の音がかくも見事に出てきて一体いいものなのか!? とぼくは今もって不思議だ。

この〝不思議〟はステレオ初期から、JBLを使うようになった現在まで少しも変わらぬ本当の〝不思議〟なんであって、もしも〝不思議〟を感じない人がいたとしたら、それはきっとそれこそ〝摩訶不思議〟な音を出している人だろう。

あれがいいの悪いの、ああでもないこうでもない……と、とかくオーディオマニアは理想が高いので日頃文句ばかりいって暮らしているのだが、たまの好調に恵まれた時ぐらいは原点に戻って素晴らしいオーディオの原理に素朴に驚いてみてはどうかと思う。 そして、このあまりにもうまくいっているオーディオの仕組みそのものに改めて感謝の念を捧げたい。だって今じゃ、へたなナマよりレコードの方が上でしょうが。

43　西条和尚の無事の音

東京・北池袋駅前西念寺《さいねんじ》住職、西条英介《さいじょうえいすけ》和尚のことをS君は時々思い出す。

西条和尚は無事の音を提唱して自らも〝極道〟のオーディオ道を歩んで来た人だが、和尚の唱えた無事の音とは、すべてにわたって過不足なく、安心立命の境地に立った〈音〉といった意味合いを含んでいたと思う。もちろんそれは〝無難〟な音でもなければ〝流行り〟の音でもない〝厳〟とした〈音〉をいっていた。

ジャズ専門誌の『スイングジャーナル』が、一九七四年（昭和四九年）頃だったと思うが、連載特別企画として「西条和尚のジャズ喫茶行脚」という〝特番〟を敢行して人気を博していた。

それで、西条和尚は、カメラマンの有原《ありはら》さんと二人で、連載最終回に「ベイシー」を訪れ、そこでS君と出会ったのだった。

S君は、会ってみるまで西条和尚を、怖い人だと思っていたという。

会って、音を聴いてもらうと、とてもいい人で、それまで誌面で想像していた人物とは〝別人〟のようだと思ったそうだ。

意気投合した二人は、その後もしょっちゅう電話で熱くなったりしていたが、ある時、所用で上京したS君は和尚の西念寺を訪ねた。八戸の整形外科医のM氏も一緒だった。

近代建築の西念寺の本堂の、向かって左側に、同じ造りで和尚の〝オーディオルーム〟があった。

通されると、アルテックのA7やJBLのモニターその他がところ狭しと置かれ、いかにもそのキャリアのほどがしのばれた。

二時間も喋っただろうか、その間に奥方が、お茶やお菓子を運んでくれて、亭主の道楽につき合わされるどこの奥方も大変だな、と〝客人〟のS君は大変恐縮したという。

サテ、待てど暮らせど、結局その日和尚はレコードを一枚もかけなかったのだが、この件に関してはせっかく訪ねたS君も催促は控えたという。

（何か、都合が悪いのだろう）

とその時は考えたのだが……和尚が亡くなって、その絶筆となった文章を『スイングジャーナル』誌上で読むにいたって、考えが少し変わった。

無事の音の理想は無限に高く、いくら良くとも現実に音を出せば、自ずとそれは〝有限〟に違いない……。

和尚はその頃すでに自分の〝死期〟の遠からぬことを察していたフシがあるから、そうなると、なまじその日たまたま出た〝現実〟の音をS君の耳に残すよりは、いっそのこと〝無音〟を聴かせ、あとは、まだ先のあるS君に「考え続けたまえ」といったのではなかったのか？

事実、それから一五年ほど考え続けたS君は、その頃の和尚の心境が今では少しわかってきたような気がするという。

S君は、レコードもオーディオ装置もないような、例えば、山の中などで、コルトレーンの「スピリチュアル」の〈音〉が耳元でハッキリ聴こえてきたりするといっているし、コルトレーンに限らず、しまいには〝念ずれば〟何でも聴こえて来るようになるだろう、とも思い始めている。

皮肉なのは、和尚ならいざしらず、実際にS君に会った人は、そのヤクザっぽいルックスにだまされて、そんなことを考えているようにはちっとも見えないということだ。

S君は若い頃は虚弱体質で、体力もそんなになかったが、トシとともにタフになり、四〇歳を過ぎたあたりから、いくら〈音〉を聴いても疲れなくなったともいっている。

彼のJBLがそういう音になったのか、音の聴き方を会得したのかは、本人も知らない。

ただ、大音響の中に飛び込むと、台風の眼のような静寂な場所があることを発見してから、だいぶ楽になったと感じているようだ。

そういえば、生前、岩崎千明さんも「ボリュームを上げていくと、それまで聴こえなかった小さな音が良く聴こえる」のだ、というようなことをいっていたが、案外S君が今いるのは、先に岩崎さんがいた場所かもしれない。

「ジャズとオーディオのことはS君に任せた」と書き遺して、自分は本当の極楽浄土へ行ってしまった西条和尚。

死ぬには、まだちとスタミナが残って困っている〝任せられた〟S君。

考え続ければ、やがてもっと何かが見えてくるのだろう……と、根が楽観的なS君はさほど悩まず、今日も一日ギンギンにレコードをかけていた。

——東京・北池袋駅前西念寺住職・西条英介和尚。

和尚に今、ひとつ尋ねたいことがある、と、S君は在りし日の西条和尚のことを想っている。

44 古藤先生の輝く瞳

いくら運の悪い人にだって、ひとつやふたつは運のいいことはあるものだ。生まれてきたこと自体がまずそのひとつだが、ぼくの生まれたこの岩手県一関市に、運のいいことに、ある時期、一人の素晴らしい音楽の先生が住んでおられた。

古藤孝子《ことうたかこ》先生は、一九四九年（昭和二四年）から、一九六五年（昭和四〇年）までの約一七年間を岩手県立一関第一高等学校の音楽教師として過ごし、この間しばらくは〝一関の人〟であった。現在《いま》は東京にお住まいである。

一九五八年（昭和三三年）に一関一高に入学したぼくは、かねてより存じ上げていた魅惑の古藤先生とここで正式に出会う。

波長が合って、といったら高校生の分際で生意気であるが、波長が合って、音楽部（合唱部）の顧問をしていらした古藤先生と、ブラスバンドに入ったぼくは、クラブのへだたりを越えたところで大変仲良しとなり、ついでにブラスバンドの面倒も何かとみてもらったりしていた。

古藤先生は、今では普通になっている「校内合唱コンクール」みたいなものを、一九四九年（昭和二四年）当時、全国に先がけて一関一高でスタートさせたり、昭和三〇年代には一関一高、二高、ブラスバンド合同で「手古奈《てこな》」と「出雲風土記」というふたつのオペラを一般公演させ

たり、何やかやと地域の音楽レベルの向上に早くから取り組んで、着実に成果を上げていらしたにもかかわらず、

「私、ちっとも頑張ったつもりはないワ」

といたって謙虚だ。

「私、教えべたで……ゴメンナサイ」

ともよくおっしゃったが、古藤先生の、存在そのものがぼく等には純粋な音楽に見えたから、あなた、それが本当の教育ってもんでしょうが……。

焼けて、今は鉄筋コンクリート造りになったが、一八九八年（明治三一年）創立の、ムカシの一関一高はもちろん木造で、三方の窓を開け放った樹木に囲まれた音楽室が特に良かった。

この音楽室には、当時ＹＡＭＡＨＡがあつらえたと思われるレコード観賞用のモノーラルの再生装置があり、ＹＡＭＡＨＡの重量級ターンテーブル、ＫＴ3に、オイルダンプのガッシリとしたトーンアームがついた天然木のキャビネット自体が立派であったし、スピーカーボックスも似たような作りで、放送局仕様のグレーのサランネットが張ってあり、今なら15インチ・ウーファーをマウントするような大きさに、8インチ・フルレンジが一発だけ入っていた。ワーフデールのユニットだった可能性があり、アンプさえ良ければ相当いい音がしたはずであった、と今は思う。

十数年ほど前に、久しぶりに母校のブラスバンドの練習を見に行ったら、なんと、このスピーカーボックスがゴミ捨て場に転がっているのを発見!!

スピーカーユニットは取りはずされて既になかったが、ぼくはこれを黙ってクルマで持ち帰り、「ベイシー」の二階の物置に隠匿した。

そろそろ〝時効〟だから、アルテックかＪＢＬの８インチをマウントして、再び陽の目を見せてやろうと思っているところだが、この話は古藤先生にはまだ内緒だ。

高校時代のある時、ぼくんちに遊びに来た古藤先生にぼくは、たぶん、ベニー・グッドマンの「シング・シング・シング」を聴かせた。

この一九三八年（昭和一三年）ダイレクト・カッティング録音のカーネギー・ホールでの実況盤を、ぼくは当時10インチ盤で持っており、ハリー・ジェームスの有名なトランペット・ソロにシビレまくっていた。ぼくもその頃トランペットを吹いていたからだが、不覚だったのはＢ面にカップリングされていた「ハニーサックル・ローズ」のジャムセッションに、ベイシー楽団、エリントン楽団の錚々たるメンバーがズラリと登場しているのを当時のぼくは意に介さないで聴いていたという情けない事実だ。

「なんてタイミングのいい音楽でしょう!!」

とその時、東京音楽学校（現東京芸術大学）時代にベートーヴェンの「第九」の日本初演に参加しているクラシックの先生は、目を輝かせておっしゃった。

ジャズの最も肝心なところを一発で見破った古藤先生の綺麗な銀髪をぼくは感心して眺めたが、日を待たずして、ぼくはこのレコードを学校の音楽の時間にみんなの前でかけることになった。

古藤先生は生徒に向かって、

「音楽はリズムよ！　皆さんジャズを聴かなきゃ駄目よ!!」

とその時いったものだ!!

古藤先生は、それでも足りず、今度は学校の音楽の時間にゾロゾロと生徒をひとクラス連れて、ぼくんちでジャズを聴かせたりもした。

そもそもぼくの家というのは「一高前」というバス停になっていて、ムカシはバスの切符も売っていたというほどで、学校のすぐ前だから、そういうことになったのだろう。

——ぼくが早稲田のハイソサエティー・オーケストラでドラムを叩いている頃、古藤先生は一関での長い教師生活にピリオドを打って鎌倉に居を移していた。

ハイソは鎌倉へはよくコンサートに出掛けていたので、ぼくはそのたびに古藤先生を誘い出して、コンサートを聴いていただいた。

「タイミングが、素晴らしくいいわ!!」と、古藤先生は、カウント・ベイシー・スタイルの当時のハイソの演奏をとても気に入ってくれていた。

カウント・ベイシーという人はタイミング以外にほとんど興味のないような人だったから、これは一番嬉しいホメ言葉というべきだろう。

ご本人はそうは思っていらっしゃらないようだが、クラシック音楽を知り尽くした古藤先生は、ジャズの特質の第一は、まずタイミング即ち、リズムであろうと最初から本能的に気づいていたようだ。

ぼくが一関に舞い戻ってジャズ喫茶を開店してからも、古藤先生は音楽部ＯＢ会の招きなどで何度か一関を訪れる機会があり、時間をさいては店で一緒にレコードを聴いた。ワーグナーの時もあればベートーヴェンの時もあったが、最後には必ず「カウント・ベイシーを聴かしてよ！」といって目をキラキラと輝かせた。

「信じられないワ!!　どうしてこんな演奏ができるのかしら!?」

できない、ということだけは、ぼくにもわかってるんですけど……。

――古藤先生は、何年ぶりで会っても何も変わっていないところがいい。

何年ぶりで会っても、いきなり音楽談義に花が咲くのが、手間がはぶけていい。

会えない時には、たまに電話で盛り上がるが、これもいきなり音楽談義で、とてもいい。

現在は、多摩市にお住まいで、相変わらずの音楽活動と、趣味の〝焼きもの〟に精を出しておられる。

先日「ベイシー」の名入りの小皿を一〇枚ちょうだいしたが、もったいなくて店では使えない。

「カウント・ベイシーのレコードが欲しい」と以前にそれとなくおっしゃっていたから、お皿のお礼にカウント・ベイシーの〝お皿〟を一二枚みつくろって送った。

これは割と新しい話だが、前回に古藤先生が一関にいらした時、そしていよいよ東京へ帰る日に、ぼくも駅まで見送りに行ってみた。

全国的に、音楽部はどこでもすぐに歌を歌い出す傾向があるが、古藤先生を取り囲んだ音楽部OBの面々も今まさに駅のホームでそれを始めるところであった。

ぼくは、世話になったとはいえ音楽部のOBではなく、ブラスバンドOB会の、それも仮にも〝名誉会長〟であるから、この際は少し離れた柱のカゲに立って見ていた。

始まってすぐだったが、指揮をとっていた古藤先生はストコフスキーのように手をかき廻してコーラスの即時中止を命じた。

もちろん出だしが合わなかったからに他ならないが、どこの国に駅のホームで歌を歌うのにやり直しをする連中がいるかっちゅうの。

「いい!?　今度はシッカリやるのよ!!」

とかなんとかいって、古藤先生の両手は再びすくい上げられた。

今度は皆真剣。笑顔も消え現役に戻ったような気合が入り、これが駅のホームでの送別の歌かと思わせるような本格的なハーモニーが東北新幹線上りホームいっぱいに響き渡った。

やがて、ニッコリ笑った古藤先生はクシャクシャ顔になって寄って来る音楽部OBの連中に向かって何か一言いって車窓の人となったのだが、大方、「いい加減にやっちゃ、駄目よ!!」とでもいったのだろう。

古藤孝子先生とは、そういう人だ。

一関一高音楽部は一九九一年（平成三年）、「全日本合唱コンクール」高校の部で見事一位の「金賞」に輝いた。

古藤先生のこの地に蒔いた種が実を結んだのだと、ぼくは思った。

[CHAPTER.X]

45　騒音ウズ巻く早稲田の〝音楽長屋〟

早稲田大学文学部校舎に向かって右手に大きな記念体育館がある。この体育館の裏手にまわるとテニスコートがあり、その先が小高い土手になっている。この土手の上に黒々とした、戦時中の兵舎を思わせる木造平屋建ての小屋みたいなものが今も横たわっている。今は、さすがに白いペンキでも塗った様子であるが、この小屋こそが、世に名高い、ワセダの〝音楽長屋〟である。

建物に近づくまでもなく、いろいろな楽器の音が聴こえ出す。レギュラーになれない連中が外の空き地で好き勝手な練習をしているからだ。

さながら秋葉原の駅に降り立ったような風情であるが、一歩建物の中に入ると、四つに仕切られた各部屋から、ニューオリンズ、ダンモ、ビッグバンド、そして突き当たりの一番大きな部屋からは交響楽団の音まで聴こえてくる。他に、タンゴ、ハワイアン、ハーモニカまで同居していて、早稲田の公認音楽団体のすべてがこの〝長屋〟の中に押し込まれていた。早い話が、ウルサい連中をひとまとめにして〝片づけた〟といった当局のコンタンがうかがわれる。

ぼくの所属していたビッグバンドのハイソサエティー・オーケストラは、入口の共同便所から数えて三つ目の部屋に入っていたが、ひとつ手前は「ダンモ研」、すなわち、モダンジャズ研究会の部屋で、ベースのチンさんこと鈴木良雄《すずきよしお》は当時バンマスでピアノを弾いていた。新宿「J」のマスター、バードマン幸田《こうだ》も同級生で、神経質な顔をしてアルトを吹いていた。トロンボーンの今井は渡米して行方不明、テナーの瓜坂《うりさか》は新聞記者をやりながらつい最近まで鈴木良雄のマネージャーをやっていた。一級下にはギターの増尾好秋《ますおよしあき》、トランペットのタモリ等がいたが、皆それぞれ好きな道でメシを喰っている。

「ハイソ」は音が大きかったから、隣近所の連中には随分と迷惑をかけていたみたいだ。ダンモ研の連中には、隣の音がウルサくて自分達の音が聴こえなかったと、今でも会うといわれる。

しかし、わずか一〇坪ほどの部屋にビッグバンドがギッシリと詰まっていっせいに音を出していた我々「ハイソ」こそ、自分達の音がウルサくて、初め何が何だかわからなかった。慣れ、とは恐ろしい。一年生の頃はその〝轟音〟にアタマがクラクラして何が何だかわからなかったのに、しばらくするうちに次第に音が聴き取れるようになってきたではないか⁉

耳は訓練であると思った。

狭い部屋の中で、ホーン・セクションが向かい合って〝対決〟する音のウズの中で、次第に一人一人の音が聴き分けられるようになってくるのだ。そして、同時に全体の音も把握できるようになってくる。

ぼくは一応ドラマーであったが、正直いって、自分の叩く音があまりにウルサくてひと様の音はサッパリ聴き取れなかった。初めのうちは。

訓練のたまものであろう。これがシマイには誰がイモッたかまでちゃんと聴き取れるようになっていった。もちろん、自分がイモッたのもよくわかった。

耳は、聴きたい音を拾い出して聴く能力を持っているし、逆に、聴きたくない音はフィルターをかけてパスしてしまう能力を持っている。すべては、神経の〝集中力〟のなせるワザだろう。

この時期の訓練が、後にオーディオ装置から放射される大音響の中から一瞬にしてすべてを読み取る、というワザをみがくのに結構役立ったかもしれない。

「ハイソ」は当時、音がデカイという理由で「全国大学対抗バンド合戦」でビッグバンド三年連続全国優勝を果たして、〝日本初〟の「アメリカ本土上陸作戦」（一九六七年・昭和四二年）まで成功させたが、ぼくはつい最近（一九八九年・平成元年）、カウント・ベイシー楽団の往年のスター・プレーヤーを可能な限り呼び集めたベイシーのOB楽団、ハリー・〝スイーツ〟・エディソン／フランク・ウェス・オーケストラの一八人編成を狭いジャズ喫茶「ベイシー」に入れた。ワセダの〝音楽長屋〟よりはちょっと広いだろうが、似たような状況だ。客は一〇〇人ほど入っていたが、マイクは一本も使っていない。

リハーサルで最初の音が出た時、知ってはいたが、改めてぼくはビックリした。

全然、ウルサくないのだ!!　そして、ジャズ、というよりは「ああ……音楽が鳴っている」というサウンドにぼくはウットリとした。

一九六三年（昭和三八年）に初めてベイシー楽団の〝生〟を聴いた時のリード・アルトのマー

シャル・ロイヤルが、今、眼前で当時とまったく変わらぬ輝かしい音を出している。ジョー・ニューマンもいる、スヌーキー・ヤングもいる、アル・グレイもいる、ベニー・パウエルもいる。

ここにカウント・ベイシーとフレディ・グリーンがいたら……と誰しも心の中で想ったことだろう。

彼らの、楽々と吹く決して〝割れない〟ふっくらとした音《サウンド》!!

ハイソの音はウルサかったなア……とぼくはつくづくと反省した。

46　スーパーウーファー顛末記

もしかして〝活路〟が開けるかもしれない、と思ったことは一応やってみた方がいい、と思って、ぼくはある時期、ステレオにおける〝3D方式〟に取り組んでみた。

〝3D方式〟というのはご存じのように、ごく低い周波数だけを、いわゆるスーパーウーファーに持たせて、そこだけモノーラル再生するものだが、この方式が「断然いい」といい張る人と、「そうでもない」という人と、「駄目だ」といい切る人と、あとは無関心な人などがいて、ハッキリいって、ぼくは「やってみるまでわからない」と思っていた。

それで、ある時オーディオ評論家で、古い友人の朝沼予史宏君のけしかけに乗ってみる気になったのであった。

スタートしたのは一九八五年（昭和六〇年）九月頃であったが、結局スーパーウーファーが「ベイシー」のスピーカーシステムの中央から降ろされたのは一九九二年（平成四年）の一月であった。つまり、スーパーウーファーは何のかんのいって七、八年間「ベイシー」のスピーカー台の上にあったことになり、ちょっと〝実験〟するつもりが、年月の過ぎ去る速さにぼくは驚くばかりだ。その間に一国（ソビエト連邦）が消滅している。

スーパーウーファーには初め、ＪＢＬの18インチ（46センチ）を二本ずつ、三種類用意したが、これはちとゼイタクな実験であったと思う。

一番fo（最低共振周波数）の低い2245Hは、ロックやフュージョン系のレコード、クラシックのパイプオルガンなどで威力を発揮したが、〝本命〟のジャズでは、足の速いベースのピチカートやドラムの音にかったるさが見られ、早々と落っこち、タモリにあげた。

二番手にfoの低い2240Hは無難な低音を聴かせ、無難を嫌うぼくは、これもすぐにマウントからはずし、いよいよ〝本命〟と目された残るJBLの楽器用18インチ・フルレンジ（！）E155の登板となった。

おわかりだろうが、ぼくは初めからこれにいきたがっている様子だ。

前二者だって決して悪いウーファーではない。

ただ、D130系の高能率型ウーファーで通してきた手前、今さらコーン紙の重いウーファーに手を染めるわけにはいかないでしょうが……。

思った通りであった。やっぱり楽器用のウーファーがぼくのスピーカーシステムに一番シックリなじんだ音がした。

（これでいこう）と決めて、以後数年間〝3D〟に取り組んでいる間、この18インチ・ウーファーの交替はしていない。

思い出したのだが、一番重いスーパーウーファー2245Hを装着している短期間に、こともあろうに菅野沖彦さんが奥さんと二人でひょっこりと「ベイシー」に現れてしまったことがあった。

慌てても仕方がないから、ぼくはそのままの音を菅野さんに聴いてもらったのだが、駄目でもともと、「駄目でしょ？」とぼくが訊くと、菅野さんは「いや？　結構いいよ」ともいってくれた。

お世辞かとその時は思ったのだが、菅野さんという人はあまりお世辞をいわず、比較的本当のことをいってくれる人だ。

あれはあれで結構良かったのかもしれない、と今では思っている。自分で似合わない、と思ってしめていた誰かにもらったネクタイを人からホメられたりすると、こういう気分になる。それでは長年のこだわりはどうしてくれるのだといわれたって、あなた、ぼくは「こだわるな」「こだわるな」と、これでも自分にいい聞かせてきたのですヨ。ぼくのようなタイプは〝こだわらない〟ようにするのが〝こだわる〟よりはるかに難しいことを自分でよく知っている。

それで、とにもかくにも何を取り替えたって当然音は変わるのだが、スーパーウーファー用のパワーアンプも、マッキントッシュのMC2500からJBLのSE640に替え、様々な音を出してみた。

このウワサの〝3D方式〟を自分でやってみて思ったのだが、スーパーウーファーといえども世間でいわれているよりも位相と音質は重要な問題で、結構シビアなものに思えた。

それから、〝3D〟用のディヴァイディング・ネットワークはJBLのBX63を使ったわけだが、クロスオーバー周波数（63ヘルツ）が、それでは少し高すぎるような気もした。もっと低いところでやっておれば、また別な結果が出たかもしれない。

結局のところ、これ見よがしにスーパーウーファーが鳴っている音は、別のレコードでボロを出し、まったくスーパーウーファーの存在を感じさせないような絶妙なバランスに調整された時は、皮肉なことにスーパーウーファーの回路をOFFにしても何も変わらず、「だったらない方がいいか」、という結論に達するのに五年ばかり掛かった勘定だ。あとの二年ばかりは、どけるのが面倒でただ置いてあっただけで音は出ていなかった、ということになり、本当にお客様には申し訳のないことをしたと思っているが、次の〝一手〟がヒラメいたので今般ようやくどけた次第だ。

誤解をしてほしくないのは、ぼくは決して〝3D方式〟は駄目だというホントの結論に達したわけではなく、まだまだやり様はあったろうと思っていることだ。

ぼく以上に本気でこれに取り組んでモノにしている人も、きっとどこかにいるに違いない……。

取りあえず、ぼくは〝3D方式〟に挑戦し、敗退した……。ということにしておこう。

47 ハリー・〝スイーツ〟・エディソンは色男！

度重なる来日で、今はすっかり日本のジャズファンに知れわたった、ベイシー楽団の名トランペッター、ハリー・〝スイーツ〟・エディソンだが、彼はそれでも、一九八〇年（昭和五五年）九月の、第一回「オーレックス・ジャズ・フェスティバル」まで、一度も日本に来たことがなかった。

ぼくらは、レコードの上でハリー・〝スイーツ〟・エディソンのトランペットをよく知っていたわけだが、古くは、一九三〇年代から四〇年代のカウント・ベイシー楽団で、レスター・ヤングや、バック・クレイトン等と華やかなソロを競っていた。

五〇年代には、バディ・リッチのビッグバンドや、あちこちのセッションに加わった〝スイーツ〟の流麗なトランペット・ソロを聴くことができたし、自己のリーダー・アルバムももちろん何枚か吹き込んでいる。最近再発された彼の『ミスター・スウィング』のライナーはぼくが書かせてもらった。

嬉しいのは、古巣のベイシー楽団にゲストとして〝客演〟したレコードだが、マイアミでやった『ブレックファースト・ダンス・アンド・バーベキュー』やラスベガスのトロピカーナホテルでやった『スタンディング・オベイション』などは大変有名だ。

ぼくらは、「なんとか〝スイーツ〟を日本に呼べないか⁉」とよく話していた。

〝ぼくら〟というのは、カウント・ベイシーが好きで、なんとなく気心が知れた仲間のことで、全国的に分布しているから、いったい、誰と誰を指していっているのだといわれても困ってしまう。

多少、他力本願になってしまったが、その、第一回「オーレックス・ジャズ・フェスティバル」にとにもかくにも〝スイーツ〟の名前が入っていたので〝ぼくら〟は大変喜んだ。

リーダーはアルトの巨匠ベニー・カーターだったし、他に、これまたピアノの巨匠テディ・ウィルソン、ベースの名手ミルト・ヒントン、そしてドラムが、以後、〝スイーツ〟と共に何度か来日するようになるシェリー・マン（！）であった。それに、同行の歌手、ヘレン・ヒュームスは昔、ベイシー楽団で唄っていた女性だ。

このフェスティバルの最大の目玉はベニー・グッドマンであったが、他にも錚々たるメンバーがズラリと並んでいた。

可笑《おか》しいのは、なのにぼくは〝スイーツ〟一人に目星をつけて出掛けて行ったことだ。

だから、ホテルも同じ新宿京王プラザホテルをとった。

開演時間から逆算してバンドの動きというものはだいたい見当がつくものだ。

頃合いをみてロビーに下りてみると、案の定〝スイーツ〟がそこに、いた。

背後から「スイーツ!!」と声を掛けると、彼はおもむろに、ゆっくりのけぞるようにして上体だけこっちに向けて色っぽく笑った。〝スイーツ〟はだから、初めてのぼくをほとんど逆さに見たことになる。

コンタックスRTSに85ミリをつけていたぼくは、その瞬間をF1・4の開放でパチリとやったが、シャッターを切った瞬間にピンボケだとわかった。ふり向いた〝スイーツ〟にドキリとして手元が狂ってしまったのだ。

ピンさえ来ていれば、あの一枚はぼくと〝スイーツ〟の出会いの決定的な瞬間をとらえた、とてもいい写真となっていただろう。

「俺は、スウィフティーだ」というと、〝スイーツ〟はニッコリと笑って、何でも知ってる、なんだか昔から知り合いのような親近感を示してくれた。

ベイシー楽団の釜のメシを喰った奴と、ぼくは、どういうわけか相性が良く、すぐにハモってしまう傾向がある。ジョー・ニューマン、アル・グレイなどもそうだった。

その年の三月に岩手県で、カウント・ベイシー・オーケストラの公演をみんなで大成功させていたぼくは、その時、だから〝スイーツ〟に対しても妙な自信に満ちていたように思う。

ベイシーから〝スウィフティー〟というニックネームをもらっといて良かったとぼくはその時思ったが、ベイシーのご威光は絶大で、結局、ぼくは〝スイーツ〟と同じバスで会場の武道館に向かうことになり、その時に、シェリー・マンを紹介してもらった。

たった今、会ったばかりの〝スイーツ〟に紹介されるのもなんだが、これが、会うべくして会った者同士の〝気分〟というものだ。

こうして、以後、〝スイーツ〟とシェリー・マンとは何度か一緒に〝仕事〟をする仲となり、例によってズルズルの関係に持ち込んだのだったが、到着した会場で行なわれたリハーサルで、ぼくはようやく〝実物〟の〝スイーツ〟のトランペットの音を聴いた。

それは、レコードで長い間聴いていた通りの、〝甘く〟〝色っぽい〟ものであったが、そういう〈音〉を出す〝スイーツ〟本人が、まったくのところ、そういう男であったことを、ぼくはその後、いちいち確かめることとなった。

どのようにかといえば、あのトランペットの音のように、といえば十分だろう。

ハリー・〝スイーツ〟・エディソン。

ジョー・ニューマンと共に、ベイシー楽団の〝気分〟を現在《いま》に伝える、めっぽう色っぽい、色男!!

48 ジョージ・ルイスをありがとう

作家の色川武大《いろかわたけひろ》さんが大のジャズ好きであったことは有名で、知っている人なら誰だってよく知っている。

もし、知らなかったというヘマな人がいたら、色川サンの書いた『怪しい来客簿』（文春文庫）や『麻雀放浪記』（阿佐田哲也、角川文庫）、『狂人日記』（福武文庫、のちに講談社文芸文庫）などなどの名作ではなく、『唄えば天国ジャズソング——命から二番目に大事な歌』（ちくま文庫）を今すぐ書店に走ってお求め、一読願いたい。

それが午前中であれば、午後には色川サンの〝ジャズ通〟ぶりの凄さに、あなたはゾッとして、震えた手でタバコを何本も吸うことになるだろう。

ぼくがそうだったから、人もそうだろうと思うのだ。

もっとも、ここでぼくがゾッとしたのにはもっと深いわけがあって、簡単にいうと、この〝凄玉〟が今後、これからおそらく死ぬまで毎晩のように「ベイシー」に来ているだろう、と考えてのことであった……。

色川サンは、何度か「ベイシー」に遊びに来ているうちに、ぼくのやり口、つまり、どこでもいいのであるが、東京を離れたところで暮らして、逆に友人を東京から呼びつけて盛り上が

る、というこのやり方に、ある時期から非常に興味を持ち始め、

「私もひとつ、やってみようと思います。何分、ヨロシクお願い致します」

といって、本当にバタバタと東京から一関に引っ越して来たのだ。

その時の〝手みやげ〟としてちょうだいしたのがその『唄えば天国ジャズソング』であったのだが、あらかじめ毛筆による立派なサイン入りで、〝おまけ〟として、本の中に登場してくる曲を収録したカセット・テープもいただいた。

ぼくは、この本の内容を別に初めて読んだわけではない。

これは、『レコード・コレクターズ』という、ほとんどビョーキの人が毎月愛読している雑誌に色川サンがある時期連載したエッセイを、編集長である中村とうようさんが一冊の単行本にまとめたものだ。

〝半病人〟でしかないぼくは、だからこの雑誌をたまにしか読んでおらず、色川サンのエッセイも飛び飛びに頭に入っていた、というわけだ。

一冊にまとまったものを通してみると凄味が増し、「ゾッ」としたということなのだが、色川サンの親友でもあった和田誠《わだまこと》さんのイラストが楽しく、この本を一層シャレたものに仕上げている。

色川サンは、また大の〝映画好き〟でもあったから、ジャズの話以上に映画の話がこのエッセイ集にはポンポンと登場してくるが、ジャズと映画はどうしても切っても切れない関係にあるのだろう。

ここで、何故ぼくが色川サンを怖くなったかというと、ぼくが元来、サッチモ、ベイシー、エリントン、マイルス、コルトレーン……と、ジャズでは、いわば陽の当たる〝王道〟をタテ線として通って来たのに対し、色川サンのはグチャグチャな〝裏街道〟をモロに蛇行しながら、縄のれんをちょいと片手で払うような歩き方をして来た典型だと、すぐにわかったからだ。

ゲロを吐くと、こういう人にぼくは弱い。名前も知らないトランペッターを(だから書かないが)「あの人のソロはとっても良くってネ」などといって背中を丸めて「フ、フ」と嬉しそうな顔をされると、ぼくはかなわんのだ。

色川サンの膨大なビデオコレクションと中ぐらいなレコードコレクションが、やがて一関に引っ越して来た。

なにせ〝本人〟がまだ届いていないので、ビデオもレコードもぼくは「取りあえず」とことわって片っぱしから棚に突っ込んだのだが、どうしても気になってジャケットを見てしまう。以前、タモリの家で植草甚一《うえくさじんいち》さんのコレクションをそっくり見せてもらった時を思い出した。自分も持っているレコードを見ると安心するし、持っていないものを見ると「ム!?」とするものだ。いわんや、見たことも聞いたこともないレコードが現れると背筋が凍る。

気になったレコードをはじの方に寄せながら、とにもかくにも大雑把に突っ込んでおいた。そうでもしないと日が暮れるし、ラチがあかない。蔵書の山は、気が遠くなるので別の仲間に任せた。

色川サンのステレオは東芝オーレックスのコンポーネントで統一されていたので、これはぼくにとってはお茶のこさいさい、小一時間ほどでセットアップは完了した。

以前にカウント・ベイシーが東芝オーレックスのテレビのCFに登場した時のことを思い出したが、音を出してみるとトゥイーターの音が全然聴こえない。サランネットをはずしてみると高音のレベル調整のツマミが〝0《ゼロ》〟になっていた。

（そんなことだろう）と思って一応レベル調整を済ますと、これがなかなかハートのあるいい音がするではないか。

（ナルホド）などと思いながら、これでいいや、いずれゆっくりと色川サンにジャズを教わろう、と考えていた。


自分の〝弱い〟部分がこれで少しずつ埋まっていくだろう……。

色川サンが〝正式〟に一関のその家にやって来て暮らし始めて、最初の泊まり客はテナーサックスの中村誠一だった。

その晩、色川サンは誠一にも、山形から来ていた「オクテット」のマスター相沢クン達一味にも、自分で水割りを作ったり、精一杯のサービスをしてくれたし、アート・ブレイキーとジャズ・メッセンジャーズの最初の来日、つまり一九六一年（昭和三六年）正月の日本公演のビデオを「お観せしましょう」といって一生懸命棚の中から捜し出してみんなに観せてくれた。なにせデタラメに突っ込んだままだったので普段のようにスンナリとはいかない。

ぼくにとっては、大学受験の年に、コタツで受験勉強をしながらこのテレビ番組を観て「ガクゼン!!」として早稲田大学を落ちて以来、実に二七、八年ぶりに初めて〝再会〟したそれは映像であった。

誠一はじめみんなで「クワーッ!! 凄えや」などと歓声を上げて観たのだが、これでは当時の自分が完全にノックアウトされて大学も落ちたわけだと、改めて納得がいったことが特に嬉しかった。

ぼくは、大学受験に上京しておきながら、東京に着いて最初に行ったのが〝大学〟ならぬ新宿のジャズ喫茶「木馬」だったのだ……。

ブレイキーが思いの他みんなにウケたので、調子を上げた色川サンは、ナルコレプシー（突発的に睡眠に陥る病気）も忘れ、次にセロニアス・モンクの来日公演を観せてくれた。これも凄く、フランキー・ダンロップのドラムが面白いといって色川サンはニコニコ笑っていた。

坂田明も一関で色川サンに遊んでもらったクチだが、家を借りる以前のことだったので、主に「ベイシー」や「一関警察署」などで遊び、とにかく色川サンちに泊まりがけで遊んだのは後にも先にも中村誠一唯一人だった。

ぼくは、泊まるには自宅が近過ぎた。

色川サンが亡くなって、そのままになっていた家を訪ねてくださった方は、津島佑子《つしまゆうこ》さん、黒鉄《くろがね》ヒロシさん、井上ひさしさん、永六輔さんとマルセ太郎さんなどなどだったが、永さんとマルセさんは色川サンのために〝ノー・ギャラ〟で「ベイシー」で〝追悼ショー〟をやってくれた。

村松友視さんは、山下洋輔オールスターズのやはり〝追悼コンサートにゲストとして来てくれたが、アドリブで棚にかけてあった色川サン愛用の縞のブレザーを着て登場、この時のセッションの発案者はドラマーの村上ポンタであったが、テナーが中村誠一、ベースがバタやんこと川端民夫《かわばたたみお》で、山下洋輔がピアノからようやく離れたのは翌朝の八時（！）であった。

ほかにも何人か来てくれたが、野坂昭如《のさかあきゆき》さんが傑作で、ぼくは一生忘れない……。


あまり客のいないある静かな午後であったが、一人の女性客がフラリと「ベイシー」に入って来た。

女優の渡辺美佐子《わたなべみさこ》さんであったが、この方も色川サンとは大変長いお付き合いであった。

「色ちゃんが少しでも住んだ町がどんなところなのか見てみたいと思って駅から歩いて来て、ちょっと（『ベイシー』を）覗いて黙って帰ろうと思ったの」

と、静かに話してくれた。

泣きもしなければわめきもしない、淡々とした物腰であった。

「ジョージ・ルイスを聴きたいといったら、色ちゃん、次に会った時に『これあげる』といって私にジョージ・ルイスのレコードを一枚持って来てくれたの、嬉しかったわ」

「ここんとこのカベに色川サンのサインがあるんですけど……。これは、野口久光さんのサインを見て、その下に書いたんで、『野口さん、いつまでもお元気で』は良かったネ」

と軽く笑うと、彼女は、
「私も書いていい？」
といって、ぼくが差し出したマジックペンで、
「George Lewisをありがとう、色ちゃん。
一九八九年六月二一日
渡辺美佐子」
と書いた。
ぼくが、手持ちの数少ないジョージ・ルイスのレコードをかけたのはいうまでもない。

[CHAPTER.XI]

49 記録されなかった名演奏

デューク・エリントンに『…and his mother called him Bill（…そして母堂は彼をビルと呼んだ）』という、切ないアルバムがあるが、これは、一九六七年（昭和四二年）に生涯のパートナーであった名コンポーザー、アレンジャー、ピアニストであったビリー・ストレイホーンに死なれたデュークが、彼に捧げて録音した一作だ。

B面最後に、セッションも終わり、ガヤガヤと後片づけをしているらしい雰囲気の中でデュークは一人静かにピアノを弾き出すのだが、ドタン・バタンいっていたスタジオ内が、次第に静まりかえり、みんなでたぶん手を休めて、デュークのピアノに聴き入っている様子がよくわかる。

曲は、やはりストレイホーンの「Lotus Blossom（蓮の花）」だが、あとになってデュークは「この曲を弾くといつもビリーはとても喜んだ」といったという。

セッションが終わったのにピアノから離れないデュークを見て「何か起こる」とヤマをはってテープを廻しっ放しにしていたその時の録音エンジニアはエライ！

おかげさんでぼくらは、まったく〝プライベート〟なエリントンのピアノ・ソロを聴くことができたわけだ。

サテ、ぼくには〝記録されなかった〟カウント・ベイシーのカルテット演奏をたまたま聴いてしまったハプニングがあった――。

あれは、一九八〇年（昭和五五年）にカウント・ベイシー・オーケストラが来日した時のことであったが、来日直後に、東芝オーレックスのステレオのテレビ・コマーシャルにカウント・ベイシーが出ることになった。

撮影は、東京でのOFFの日を一日さいて、代々木の渋谷公会堂を借り切って行なわれたが、面白そうだったから一人で見物するのも何だと思って、ぼくは野口久光先生や友人の鍋谷弁護士を電話で誘った。

演奏曲目はベイシー楽団のテーマ曲であるおなじみ「ワン・オクロック・ジャンプ」であったから、〝音録り〟は一発で決めた。

次がいただけない。

録音したテープをステージ両側においたJBLのスタジオモニター4311でプレイバックしながら〝録画撮り〟となったが、あなた、「一度やったアドリブは二度とできない」ということにジャズではなっている。

いくら天下のカウント・ベイシーだって、さっき弾いたアドリブとまったく同じものをもう一度やらされるのはコトだ。

しかも、カメラはグッと寄って指先の〝どアップ〟ときている。

何度もトライするが、チトずれる。当たり前だ。

係の女性がベイシーのひたいの汗をハンカチで軽く拭う。

時間はどんどん経過していく。

これはシロウト考えだが、その時ふたつ考えられた。

ひとつは、何しろ相手がカウント・ベイシーなんであるから、最初の演奏の時、映像も、そちらの〝職人芸〟を発揮して一発で撮ってしまえば良かったのではないか？

それが都合上無理ならば、次の〝画撮り〟の時のピアノのアドリブ部分を差し替えたって別にかまわなかったのではないか？

ということであったが、ま、テレビのことはよくわかりませんので、間違ってその時の関係者がこれを読んだらカンベンしていただきたい。

ベイシー自身は、そのことに関して少しの不満も表さずに、自分から「ワン・モア・タイム！」と指を立てたりして何度もやり直しに応じていたのだ。

（偉い人は違うなア）とぼくは感心しつつ気の毒に思っていたのだが、〝偉い人〟にも限度というものがあるらしい。ついに苛立ちを露にしたベイシーは両手を広げてピアノを弾くのを止めちまったので、ここでいったん休憩ということになった。

ハプニングは、このあとで起こった。

バンドのメンバーは、スタンドから降りてそれぞれトイレに行ったりして散っていたのであるが、ベイシーは突然一人でメディアム・バウンスの小気味良いピアノを弾き始めたのだ！

それは、まるで自分自身の心の苛立ち、肩のコリをほぐすために、まさに自分のために弾いているように見えた。

うっすら笑いを浮かべながら、誰の方にも視線を向けずに、視線は、もっぱら自己の内側に向けられている様子で、少しテレている風にも見えた。やがてどこからともなくフレディ・グリーンが静かに現れて立てかけてあったギターを引き寄せ、組んだ脚の上に置いた。

ベースのクリーヴランド・イートンとドラムのダフィー・ジャクソンは、若いから、嬉しそうな表情を丸出しにして演奏に入って来た。

カルテット演奏になってから、いったい何分くらい演奏は続いたのであろうか。ぼくは、この時間が永久に続いてくれ！　と誰にともなく祈った。それは至福の時間であった。

拍手が起こり、演奏を終えたベイシーはようやく自分を取り囲んでいるみんなの顔を眺め廻しニタニタと笑った。

「ハッ」と我に返ったぼくは「録音は⁉」と思ってキョロキョロしたが、テープは廻っていなかった模様であった。

ＬＰ片面分はゆうにあった。それはカウント・ベイシーの珍しい〝長尺〟ものの、しかも、コンサートやレコーディング時とは趣を異にした素晴らしいピアノ・カルテットであった。

このハプニングですっかり雰囲気が良くなったところで、ベイシーは遂に要求に応えてピタリ！　と寸分も違わぬ同じアドリブを二度繰り返すことに成功したのだったが、東芝オーレックスのあのＣＦ、ご記憶の方も多かろうと思う。

結局のところ、我々は耳にしなかったジャズの方が多かったのだ、ということを、たまたま耳にすることができたこの二つの例は教えてくれるのだ。
そして、きっとそちらの方がずっと凄かったのだろう。

50 キッド・トゥ・ザ・レッド・バンク

カウント・ベイシーの生まれ故郷、ニュージャージー州レッド・バンクを、ぼくはベイシーのお墓参りに行った折に訪ねてみた。

日野皓正氏が、はじめそうとは知らず住んでたところだ。

ベイシー楽団の名曲に「レッド・バンク・ブギ」とか「キッド・フロム・ザ・レッド・バンク」などというのがあって、だから「レッド・バンク」という地名にはぼくは昔から格別のものを感じていた。

「キッド・フロム・ザ・レッド・バンク」の〝キッド〟とはもちろんカウント・ベイシーのことで、彼はそこからニューヨークに出てジャズをやり、やがてカンザス・シティで自分の基盤を作ったのだった。

レッド・バンクとニューヨークは海をはさんで目と鼻の先だが、車で廻っても小一時間で到着した。

高平哲郎《たかひらてつお》とリンカーンのリムジンでぼくは乗りつけたのだが、目指す所番地はすぐにわかった。

アメリカの住宅地によくある、道路から少し奥まったところにある高床式のペンキ塗り木造一軒家のテラスで、婆さんが一人、ロッキング・チェアに揺られてタバコを吸っていた。

サングラスこそはずしたが、黒塗りのリムジンから変な日本人が降りて来たので、婆さんは怪訝な顔をした。

「マクワイヤーさんいる?」と訊くと、婆さんは戸を開けて中に入り「爺さんや、誰か来たゾ!!」と大声で怒鳴った。どうやら会いたい人は在宅らしい。

レイモンド・マクワイヤーさんは、カウント・ベイシーの小学校時代の六つ先輩で、小さい頃から歳をとるまでずっと友達だった人だ。一九八三年(昭和五八年)、カウント・ベイシー最後の来日に、ベイシーの〝付き人〟として日本にやって来た時以来、ぼくも友達だ。

「オーッ、スウィフティー!!」と飛び出して来たマクワイヤー爺さんとぼくは、ガップリと抱き合って再会を喜んだ。

実は、爺さんを驚かそうとして、手紙も電話も何も連絡しないで、ぼくはいきなりソコに現れたのだ。元気で良かった。

テラスに落ち着いて「アイス・ティーでも飲むか?」といって婆さんが持って来てくれたものを飲んでみると、オレンジの〝粉末ジュース〟であった。

しばらくして、リムジンの助手席に座ってもらって爺さんに街を案内してもらった。

「ビル(爺さんはベイシーのことをビルと呼んでいる)の親父の家があったところだ」というので見ると、その家は、すでに別の人の家になっているらしかった。

「ここが、カウント・ベイシー記念公園だ」というグラウンドにぼく達は車から降りて行って見たが、別に看板も何もまだ立ってなくて、ただのグラウンドで子供達が野球をやって遊んでいた。

海岸通りに出ると、なかなかいい雰囲気になってきて、ぼくはウッカリ気仙沼あたりを思い出したが、路地先に広がる海がキラキラ輝いて、陽射しがまぶしい。

爺さんが案内したかったのは、やがて通りの右側に見えた「COUNT BASIE THEATRE（カウント・ベイシー・シアター）」と立派な看板をかかげた劇場で、その日は休館日のようであったが、爺さんが事務所の者に話をつけてくれ、ぼく達は特別に中を案内してもらった。

古い劇場で、早稲田大学の大隈講堂といい勝負か。赤い座席を爺さんが大変自慢するので何だと思ったら、その椅子は全部カーネギー・ホールの払い下げらしい。

ステージに上って見ると、ポロのピアノが一台あった。（ベイシーもこれを弾いたんだろうな）と思って触ってみた。指にホコリがついた。

アルテックの2ウェイ・スピーカーがステージの両サイドに置いてあったので、せめてドライバーの型番だけでも……と思ったら、すり減っていて字も読めなかった。

ステージの奥の暗がりには、大型のやはりアルテックが後ろ向きに押しつけられてあったが、上に載っかっていたドライバーには大型のマルチセルラ・ホーンがついており、「A－2」だろう、これは良さそうな感じがした。

事務所で感じの良かった若いモンに多めのチップを握らせると、「COUNT BASIE THEATRE」とブルーで書かれた大変恰好の良いステッカーを大量にぼくにくれた。

このステッカーは、現在、「ベイシー」の入口のスウェーデン製のドアに一枚、グランド・ピアノの正面に一枚貼ってあるが、あとはほとんど友人に〝みやげ〟としてあげちまった。友人の一人、北海道で〝土木工事〟をやっている〝熊五郎〟は、愛車のジムニーに早速貼ったが、何年経ってもまだブルーの文字が退色していないところをみると、やっぱり、アメリカ製のステッカーは丈夫だなア、と感心した。

マクワイヤー爺さんは現在、九十四、五歳になると思うが、爺さんが元気なうちに、レッド・バンクはもう一度訪ねてみたい街だ。

51 レコードは役者！

どこかを信用してかからないと、オーディオはラチがあかないものだ。

それが、人によってはスピーカーシステムだったりアンプだったりするわけだが、それ以前にまずレコードというものを〝信用〟しないことには、始まらない。

レコードには、こちらの努力次第では無限の可能性があるのだ、とウソでもいいから思い込まなくては長丁場にとても耐えられない。

土台、レコードに限らず、スピーカーやアンプといったオーディオ機器はいくら信用しているものといえどもウソは必ずあるもので、というよりは、いかに上手にウソをつき通してくれるかにかかっているわけだから、ウソにならないような未熟なオーディオ機器はとても長くは人心を惑わすことができず、いつしかちゃんと姿を消している。

だから、四〇年も五〇年も、姿を消すどころかかえって値が上がって現役で通しているいくつかのオーディオ機器はいってみればウソつきの名人ということになり、あだや粗末に扱ってはいけません。

レコードが、他のものに比べて圧倒的に息が長いのは、実はこのためで、レコードこそは史上最高の大ウソツキの名役者というべきだろう!!

52 空気の硬さ

「ベイシー」の入口のドアは〝二重ドア〟になっているが、最初のがスウェーデン製のスウェディッシュ・マッチ・ドアで、厚さ六〇ミリ、三層ガラス、四辺にゴムパッキングされた気密性抜群のものだが、二枚目のはYAMAHAのドアで、取っ手だけドイツの「ツアイス・イコン」が取りつけられている。

実は、そんなことより、二枚目のYAMAHAのドアの建てつけ位置に注意していただきたい。無駄に二カ所あるが、気分によってその位置を変えたりしているわけではない。最初の位置が失敗だったので今の位置になっただけだ。

何が失敗だったかというと、最初の位置だと〝二重ドア〟の中間の空間が、床面積で一・五平方メートルくらい、高さが約二メートルくらいで、要するに〝容積〟が足りなくて、片方のドアが閉まっていると、空気が硬くて、一方のドアが閉まりにくいのだ。

仕方なく、奥のドアを一・五メートルほど後退させて取りつけ直した。それが現在の位置だ。空間が約倍になったら、空気の硬さもちょうど良くなり、スパッとちょうど良くドアが閉まるようになった。

もちろん、片方が開いた状態だと、ガチャッ!! と思い切り閉まってしまうが、空気のクッションが利かないとこうなるのは仕方がない……。

トイレのドアも〝二重〟になっているが、これは、一枚目の〝面取り〟ガラスがはめ込まれた奴が、「ベイシー」開店時に作った〝入口〟のドアだったので、棄てるのも惜しいと思ってトイレの入口に廃品利用として使っただけでそれ以上の意味はない。

中に入ると、左右二つのドアがあって、これは用途別に使い分けてほしいのだが、中の空気が共通になっているために、半開きになっている場合、一方のドアを引くと、一方のドアが自動的にバタンと閉まる。あるいは、逆に、閉めると、開く。タンスの理屈だ。

何をいっているのかは、賢明なオーディオマニアなら最初の三〇〇字を過ぎたあたりからわかっているだろう。

おもに、ウーファーのコーン紙にかかる〝空気圧〟を思っているのだ。

エンクロージュアの内容積、ダクトの大きさ等々を考える場合、とかく、「何リッターありますか?」と数字でくる人が多いが、それはそれで良い。ぼくは元来数字に弱いから〝気分〟でいく。自分がウーファーのコーン紙になった〝気分〟で空気の硬さを読む。

それで店に入る時も、トイレに入る時も気が休まるヒマがないのだ。

もちろん、それは外に出た時にも一事が万事この調子だ。

ヒントはいつだってどこにだって転がっているから、油断は禁物だが、だからといってそういう生活で一生を終えていいものなのだろうか……。

53 ロングアイランド　カウント・ベイシーの墓前にて

一九八八年（昭和六三年）夏、友人の高平哲郎のイキな計らいで、ぼくはようやくカウント・ベイシーの墓参りに行くことができた。

ニューヨーク、ペンシルバニア駅からロングアイランド方向に列車で小一時間ほど行ったところに、ベイシーの墓はあった。

「WILLIAM COUNT BASIE 1904-1984」と刻まれたベイシーの墓の前に立つと、

「遅かったナ、スウィフティー!!」

と、ベイシーの声が聞こえた気がした。

葬式には遅れる、墓参りもモタつくで、ぼくは内心焦っていた。丸四年が過ぎていた。

「スミマセン。何かといろいろありまして……」などと、わけのわからない言い訳がましいことを、線香に火をつけながらぼくは心の中でつぶやいている。

南向きの、陽当たりのいい、美しい、そこは墓地であった。

墓石に向かい合って芝生の上に腰を下ろし、ぼくはタバコに火をつけて、ゆっくりと一服吸った。

墓石にふりまいたベイシー愛用のパコ・ラヴァンヌのフランスの香りと日本の線香と、タバコの香りが妙チキリンに入り混じってスーッと風にたなびき、ぼくの顔も妙チキリンになった。

風呂に入る時と、寝る時以外はほとんど葉巻を離さなかったベイシー……。

ベイシーの前ではいつもテキパキ動いていたので、勘違いしてぼくに〝スウィフティー〟(=スピーディー)とアダ名をつけて面白がっていたベイシー……。

やっとぼくも落ち着いた時は、墓の前。

「……」

それにつけても……と、ぼくは思うのだ。

一度でいいから〝調子のいい時の音〟で、ベイシーに「ベイシー」のレコードを聴いてもらいたかった……。
ナ、ナ!! ロングアイランドくんだりまで来て、ぼくはいったい何てことをいい出すんだろう⁉
この期に及んで、まだあの時のことを悔やんでいる、オーディオマニアのこのあさましさ!!

本当のことをいうと、実は、あの失敗を、ぼくは一九八〇年(昭和五五年)のみならず、一九八三年(昭和五八年)にもう一度繰り返してしまっていたのだ!!

同じ失敗を二度繰り返す奴は馬鹿とされているが、二度目にベイシーが「ベイシー」に立ち寄ってくれた時も、ぼくはなんとしたことか、またベイシー楽団のバスに乗って一緒に「ベイシー」に来てしまい、結果は、一九八〇年の一回目とまったく同じであった……。

カウント・ベイシーが来日すると、ぼくはいつも店を放っぽり出してツアーにくっついてまわる習性があり、店も音も大事ではあるが、ベイシーが日本に来ているというのに、のうのうとして店番などしてはいられない。どうせ落ち着かないのだったら、いっそのこと思い切って飛び出し、せめて日本に滞在中だけでもベイシーと一緒にいた方が得だ。

その結果が、二度にわたって大事な場面でドジを踏むことにつながったのだ。

店の中でジッと彼の来るのを待っておれば良かったものを……。

翌一九八四年（昭和五九年）四月二六日にカウント・ベイシーは他界し、最後のチャンスを逃したぼくの前から、永久にあの夢は消え去ってしまったのだった。

あの夢とは、確かこんなものであった――。

何故か客のいない店の中で、ぼくは一人タバコをふかしながらカウント・ベイシーのレコードを聴いている。

まるで、ベイシー楽団がソコで演っているようで、〈音《サウンド》〉の調子も絶好調だ。

こういう時に誰か訪ねてくればいいのに、と思っているところへドアが開いたのでふと目をやると、ニンマリと笑ったカウント・ベイシーが、そこに立っているではないか!!

よく考えれば、そんな馬鹿な話が現実にはあろうはずも、ない。

あろうはずもないのはわかるが、ただ、なまじ惜しいところまでいったのがいけなかったのだと思う……。

こうして、二度にわたる生涯の痛恨事を背負ったぼくは、はるばるロングアイランドのカウント・ベイシーの墓の前で、ゆっくりと最後のタバコに火をつけ、遠くに眼をやった。

空は抜けるように青く晴れ上がり、木々の緑がまぶしく風に揺れていた。

[CHAPTER.XII]

54 音の出る家具

一説によれば一九五〇年代から六〇年代あたりの、特にアメリカの家庭用オーディオのスピーカー・システムが必要以上に豪華な家具調に造られているのには理由《わけ》があったという。

洋の東西を問わず、オーディオマニアは平和な一般家庭に意味不明のガラクタを盛大に持ち込み、家人に嫌われる。遂には追い出されるか出ていかれるかのどっちかとなるのだが、世のオーディオマニアの九九・九九パーセントはこの場合、男であるから、追い出すのも勝手に出ていくのも女、つまり女房の方である。

あまつさえ離婚率の低からぬ米国社会のオーディオメーカーは考えた。女房にそれと気づかれぬ豪華な佇まいをした〝音の出る家具〟を造ろう！　と。だから当時の米国のスピーカーはよく出来た本棚か食器棚、あるいはマントルピースのように造られている。

また必須条件として、その天板はあくまで平らでなくてはならない。女房がそこに熊のぬいぐるみを置けるようにである。ついでに新婚当初の二人の記念写真でも立てかけていただければ、さらにしめたものである。

旦那がこれを購入する際に女房を説得するための商品カタログにも、メーカーは細心の注意を払っている。オーディオではなく、インテリア雑誌等を手がけている最高のカメラマンを起用し、インテリアの一部として、その意味不明の物体がまるでその部屋になくてはならないもののように写し出されていて、誰だって息をのむ。

あとは女房の在宅中に、決してボリュームを上げ過ぎないように気をつけることだ。美しい飾りのサランネットをひとたびはずせば眺望は一変し、その中にはたいてい劇場用強力型スピーカーが隠されている。人聞きは悪いが羊の皮を被った狼とは正にこのことをいう。

時が経ち、そんなことはどうでもよくなった一九八〇年代の末期頃に、縁あって当時のそういった米国製スピーカーの典型的な奴がワンセット、NYの、とある豪邸から岩手県一関市のジャズ喫茶「ベイシー」に船便で届けられた。初めから自宅に届けられてはひと悶着起きると思い、何が来ようが治外法権、営業用備品で済まされる店の方に送って貰ってよかった。

立派な木枠で梱包された三点セットは、総重量三五〇キロ、ピッタリくっつけて並べると幅が三メートル六一センチもあり、「ベイシー」のカウンターより楽に横幅が長い。

ある夜、ぼくは巻き尺を家に持ち帰り、女房が寝静まっているのを確かめたのち、そこしかない予定地のカベの寸法を恐る恐る測ってみた。驚いたことに三メートル六一センチ！　ピッタリではないか!!「これを運命と思え」と、ぼくは女房の嫁入り道具だった松本家具のビューローを、隣の部屋に移動させることに見事成功した。

そして今、その見事な音の出る家具の上は、一九年間生活をともにして、去年の三月天寿をまっとうした我が家の雑種犬、チャーリー白黒の仏壇となった。熊のぬいぐるみたちに囲まれて。

スピーカーというものは、「音さえ出りゃいいや」というものではございません。

55 カウント・ベイシーの笑顔〜アルバム『ベイシー・イズ・バック』制作記〜

ある時、早稲田大学のハイソサエティー・オーケストラのOB連中でカウント・ベイシーのお墓参りに行った。ぼくは二度目だったのでその道先案内役。

お墓参りを無事済ましたあと、ニュージャージー州レッド・バンクにある「カウント・ベイシー・シアター」を訪ねた。ここもぼくは二度目だったが、何も変わっていないことに感動した。ちなみに東京は、行くたびに妙なもんがおっ建っていて気持ちが悪い。落ち着け！といいたい。

何も変わっていないカウント・ベイシーのお墓と、生誕地レッド・バンクを散策したあと「ブルック・ヘイヴン」という町にぼく達は大型バスで乗り込んだ。ここの野外コンサート会場にたまたまグローバー・ミッチェル率いるカウント・ベイシー・オーケストラが出演していたからだ。

バンドのメンバーを喜ばせるために岩手の名酒「南部美人」という日本酒を一升ビン六本持参した。ビッグバンドに六本では足りないと思ったが、重くてそれ以上は無理であった。

二万人は入ろうかという野外コンサート会場でぼく達は「今夜は日本から珍客が来場してい

る」とステージ上のグローバー・ミッチェルから紹介され、全員立ち上がって全方向に手を振り愛嬌を振りまいた。

それが二〇〇一年「九・一一」直前の夏の出来事。翌二〇〇二年にベイシー・バンドはブルーノート系列の公演で来日、みんなで再会を喜んだ。グローバー・ミッチェル最後の来日となったその時の「ブルーノート東京」での演奏は恐らくカウント・ベイシー亡きあとの同バンドの最高の出来であったとぼくは思う。

その前からソニーの伊藤八十八君とぼくとの間でなんとかカウント・ベイシー・オーケストラのレコーディングが出来ないかと相談していたのであったが、なかなかタイミングを上手く掴めないでいた。

翌二〇〇三年八月六日、グローバー・ミッチェル他界。次の来日公演は最古参のバス・トロンボーン奏者、ビル・ヒューズとドラムのブッチ・マイルスとの双頭バンドという形をとり、同バンドはとにかく幾多の悲しみを乗り越えてスウィングした。

「もう無理矢理レコーディングしちゃいましょう！」と伊藤八十八君は動いた。

二〇〇五年一〇月二八日の仙台「電力ホール」にソニーのレコーディング・スタッフは前日入り、ぼくは二日前から都合仙台に三泊四日いた勘定になる。何故かというとベイシー・バンドも都合で二日前の夜から仙台入り、というスケジュールであったためである。

「コ・プロデューサー」という立場のぼくに与えられた使命は、主にバンドをその気にさせて燃え尽きさせること。あとはリーダーのビル・ヒューズと談合して選曲をこちらの思うツボに持って行くこと、だけ。

写真撮影も頼まれたが、ジャケット表と裏は昔ぼくが撮ったカウント・ベイシーのものを使用することになっていたから当日はM型ライカ二丁で簡単に済ませ、失敗した。言い訳になるが、どうしても演奏に気を取られて撮影に没頭出来ない。どころかファインダーをのぞきながら「行け、行け!!」などとバンド演奏の応援をしてしまう始末。

その夜のベイシー・バンドの演奏には明らかに気迫がこもっていた。全員一丸となって何かカウント・ベイシーの音楽に殉教しているような境地にまで達していた。もしそこにカウント・ベイシーがいたならば、恐らくニンマリと微笑を浮かべたであろう。今時、こんな姿のビッグバンドは美しい……とぼくは思った。

明けて二〇〇六年一月二四日と二五日の二日間、伊藤八十八君に呼ばれて、ぼくは東京乃木坂のソニー・スタジオにこもった。チーフ・エンジニアの鈴木良博君と、主に三人のミックス作業となったが——思い出す。

一九七七年、早稲田大学ハイソサエティー・オーケストラの『ハイウェイ/ハイソサエティー・オーケストラ』というビッグバンドのダイレクト・カッティング盤を制作した時とまったく同じ顔ぶれ。歳月が流れたということすら忘れ、今度はカウント・ベイシー・オーケストラの久々のニュー・アルバムの制作にぼくらは没頭した。

改めて全曲聴いてみると、こういってはなんだが、当夜の演奏がいかに〝本気〟であったかがよくわかる。こうなると問題なのは「音楽部分六〇分」という米国側との契約である。芸術を時間の契約書で左右されていいもんか？　とぼくなどは思うのだが、あきらめましょう。古来ぼくらが好んで聴いていたジャズの名盤といわれるものも、そうやって世に出された作品なのであります。

サウンド創り、選曲、曲順に丸二日間を要している間に再び何度もカウント・ベイシーの笑っている顔や姿をぼくは確かに見た。

伊藤君が一枚の紙切れにサッと走り書きしたものをぼくの前に滑らした。紙切れには一行、「Basie is Back」と書かれていた。どうやら彼も御大カウント・ベイシーのニンマリとした顔を見たらしい。アルバムタイトルはその場で『Basie is Back』と決定した。

レッド・バンクから来た男、カウント・ベイシーとその仲間たちが創り上げた、人を幸せな気分にする音楽がある。

その精神を今も守り続けているカウント・ベイシー・オーケストラのメンバー全員に心からの敬意を表したい。

追伸――二〇〇七年三月『Basie is Back』全米、ヨーロッパ発売。

あとがき（講談社版）

――〝オーディオマニア〟の頭の中は、やっぱり単純だ。

なんのかんのといっても、結局のところはオトのことしか考えていない、ということがこれですっかりバレただろうと思う……。

バレてもともと「ハイ」その通りなのでございます。

言うまでもないが、これは全部「ジャズ喫茶ベイシーの都合」であって、つまりは「ぼくの都合」以外の何物でもない。

〝オーディオマニア〟は全部、自分の都合でものを言う。別に特別悪いことではない。仕方のないことだ。

〝オーディオマニア〟が一万人いたら、一万人の都合があり、一万通りの違った音があってなんの不思議もない。同じだったらウス気味が悪い。

ポン友、坂田明の名著『ミジンコの都合』（晶文社・共著）は、読むまでもなく（読みましたけど）タイトルの七文字がすべてを物語るが、ミジンコにさえ都合があるものを、男と女はともかく、〝オーディオマニア〟の都合など、都合そのものがキカイいじりをしているようなものだ。

だから、この本の中でアタマにくるような発言をもし仮にぼくがしていたとしても（たぶんしているのだが……）、そうムキにならんでいただきたい。ムキになるだけ損。何故ならば、そもそもぼくは、ひとの音にムキになれないタイプだからだ。無責任ともちと違う。ムキにならない代わり、ぼくはひとの音を聴かせてもらいながら、たいがいはそのひとの都合を考える。都合と根拠に納得がいくと、その人にはその音がとても似合っているように見え、「ナルホド」と納得して楽しめる。第一、それ以上の心配は余計なおせっかいというものだろう……。
ひとの都合で鳴っているものを、自分の都合に合うの合わないのというところに、まず最初のマチガイがあるのだ。ホレ、またアタマにくるようなことを言ってる——。

「PROLOGUE」「あとがき」に必死で言い訳を書かねばならぬようなやっかいな内容物を、堂々と一般読者向けの単行本として発刊してくれた講談社の度胸と熱意に敬意と感謝の念を捧げます。講談社の古屋さん、そして、のんきなぼくをそそのかしにわざわざ東京から何度も一関に足を運ぶうちに駅前の〝赤ちょうちん〟の美人ママさんとすっかり懇意になっちまった「ブルーリヴァー」の塚原さん（現ブックランド）、今度は仕事抜きで来てください。皆さん大変お世話になりました。
お礼を申し上げます。

『ステレオサウンド』は、おそらく〝世界一〟重くて立派なオーディオ専門誌だろうと思う。一九六七年（昭和四二年）冬の「創刊号」をぼくは今も所持している。巻頭見開きの五味康祐《ごみやすすけ》氏のオーディオ・ルームとご本人の姿が今見ても圧巻だが、「オーディオと人生」と題して氏がここに書かれた文章は涙が出るほどの誠実さにあふれている……。

ご時世とはいえ、かつて天下の五味康祐が長期にわたって連載していたその『ステレオサウンド』誌に、小生のような者が、「連載」させていただいたことをぼくは光栄に思っている。

キッカケを与えてくれた副編集長（現「オートサウンド」編集長）の黛《まゆずみ》さん、直接編集を担当して、それ以上のことをしてくれた有能な若手編集者（現編集長）の小野寺君にここで改めて礼を述べさせていただく。

そして、自社の単行本化の企画をパアにしてこころよく協力してくれたステレオサウンド社に感謝！


音は確かに一瞬にして空中に消えてなくなる性質のものではあるが、だからこそ心に刻まれた美的感動は年月による「風化」からまぬがれ、いよいよその輝きは磨きがかかって心の中で更なる膨張を続けていくのだろうと思っている……。

——最後に、

「すべての芸術は音楽の状態にあこがれる」

という、ウォルター・ベッカーの名言を拝借して、読者の皆様へのお礼の言葉とさせていただきます。

一九九三年（平成五年）三月

著者

あとがき（新風舎文庫版）

二〇〇六年九月九日に重大事件が起きた。新聞の社会面にも載らぬ、あくまでぼく個人の、であるが……。

一九四六年にジム・ランシング氏によって創立されたＪＢＬは、二〇〇六年に創立六〇周年を迎えた。この間に果たした同社の偉業の軌跡は、これに併せて発刊されたステレオサウンド社の『別冊ステレオサウンド JBL 60th Anniversary』に驚くほど詳しいので、騙されたと思って隅から隅まで目を通していただきたい。

これは徹頭徹尾〝オーディオ〟の本なのであるが——遂にはそれを超えている。超えると何が見えるか？

人間はモノを作る珍しい動物である。モノを作らないことには始まらぬ、といっても過言ではあるまい。

「いや、精神が第一だ」といったところで、それをカタチにした仏像を作る。挙げ句はカテドラルや神社仏閣を造らないと安心できない。逆にモノには、それを作った人間の精神が宿っている。というようなことをＪＢＬという世界最大級のスピーカー・メーカーのこれまで造り続けてきた工業製品の数々に見ることが出来る。これは何もＪＢＬに限ったことではない。

他にもたくさんそういうものが見受けられる。世に大量発売されていながら、その中に〝芸術的〟と認められるものがあったとすれば、それはそれを造った人たちの情熱、ロマン、夢……つまり〝精神〟をぼくたちは見るのだ。

さて、そのJBL社のアメリカ本社の社長、エンジニア、デザイナー以下総勢一一名が、その九月九日に「ベイシー」にやってき来たのだ。

彼らはJBL六〇周年に向けて持てる力を全部つぎ込んだ最高峰のフラッグシップ・モデル「DD66000エベレスト」という、まことに素晴らしいスピーカー・システムを完成させ、その発表会を前日九月八日に東京・帝国ホテルで盛大に行った。もちろん大盛況であったから、翌日の当店訪問は〝おまけ〟というか、リラックスして気楽にやって来た。気楽でなかったのは、ぼく唯一人であったことはいうまでもない。

一関駅の新幹線ホームまで出迎えに行った。

彼らは本当にやって来た。社長のポール・ベンテ、チーフ・エンジニアの〝ミスターJBL〟ことグレッグ・ティンバース、デザイナーのダニエル・アッシュクラフト等々。ホテルにチェックインしたあと、休まず「ベイシー」に直行。昼夜　ぶっ通しでジャズを聴いた。アナタ、既に三六年も同じ音を出しているぼくに、今さらどうしろというのだ。ぼくも、四〇年以上前のキカイもとっくにハラをくくっている。くくらざるを得ない。これを〝平常心〟という。

様子を見ていると思ったよりウケているみたいだった。途中からぼくも気が楽になり、レコードに合わせてドラムを叩いたりした。

つまり、みんなでノッちゃったわけである。

あとで聞いたのだが、社長のポールが午前二時過ぎまで「もっと聴いていたい！」と帰ろうとしなかったのは、これまで誰も見たことがなかったという。

ぼくはもう、この本を読まれた方には察しがつくと思われるが、三六年間も同じスピーカー、同じアンプ、同じプレイヤーで同じ音を毎日聴いているから、二一世紀になった今、これでいいのかどうか正直なところ「わからん!!」。

ただ、忘れていた頃にやって来た現ＪＢＬの首脳陣が揃って大変それをエンジョイしてくれたことは、非常に嬉しかった。

時が経っていた。この嬉しさは大げさなものではなく、個人的にしみじみと身に沁みた。オーバーな話、その事件以来（これでもういいや）とぼくはすっかり肩の力が抜けた。ポールがぼくを救ってくれたのだ。

第一作目の旧本を〝再発〟してくださった新風舎。直接編集に当たって年末年始もなく進行を余儀なくしてくれた編集者の上田美恵さんに感謝。〝再発〟を快くゆずってくれた講談社。さらに長きにわたり連載、単行本化、このたびも協力を惜しまず手伝ってくださった『ステレオサウンド』並びに編集長の小野寺《おのでら》弘滋《こうじ》君にサンキュー！

それから超多忙のところ解説を引き受けてくれた坂田明氏。帯のキャッチフレーズを担当してくれたタモリ氏に「悪い友だちを持って悪かったな」と御礼申し上げます。

末尾になりましたが、この本の中に無断で登場いたします、多くの友人やジャズ・ジャイアンツの方々。その多くはすでに天国に召されましたが、レコードをかけている間は皆さん常に一緒にいるのと同じです。それから読者の皆さん、何かひとつ〝面倒〟なことを見つけ、退屈しない人生を！

再びウォルター・ペーターの名言を。

「すべての芸術は音楽の状態にあこがれる」

というのは本当です。

二〇〇七年一月

菅原正二

「あとがき」に代えて（駒草出版版）

われわれは、人類史上はじめて二一世紀をいま経験した。人類未踏の二一世紀は、そして到達してみれば「別のことなし」という、あっけらかんとしたものであった。

それはそうだろう。「西暦」で数を数えていったところで宇宙の渦の中では、ほとんどなんの意味も持ちはしまい。

大きいことを言うようだが、違う。

「だからこそ小さいことを大事にしましょう」と語っているのが、どうやらこの本の主旨のように今は思われる。と、他人《ひと》事のように言うが、これを書いたのは確かにワタクシ自身でありまして認めます。

はじめてこの本をお買い上げになって読まれた方のために、この本の正体を明かしておく必要があると判断し、併せて言い訳がましいことを述べさせて頂く。

この本の内容のほとんどは、恐らく世界一立派なオーディオ専門誌と思われる、季刊『ステレオサウンド』誌に連載されたものであります。その連載時のタイトルが「ぼくとジムランの酒とバラの日々」だった。一九八八年から一九九二年までの約五年間の連載をまとめたものを講談社から『ジャズ喫茶「ベイシー」の選択』という単行本として出版して頂いた。一九九三年春のことであった。

その時ぼくは「そんなことしなくていいから」と遠慮したのであるが、にもかかわらず、仲間の伊藤八十八君や高平哲郎君らが中心となって、新宿「ダグ」の中平《なかだいら》穂積《ほづみ》さんの店を貸し切って盛大な「出版パーティー」を催してくれた。

その案内状の発起人の顔ぶれを見ると、前出三名のほかに、(敬称略)渡辺貞夫、日野皓正、村松友視、坂田明、タモリ、根津甚八、鍋谷《なべや》博敏《ひろとし》、小野寺弘滋……等々、日頃お世話になってる連中の名がズラリと並んでおり、当夜の「ダグ」は超満員御礼。オーディオ界の重鎮、菅野沖彦さん、ジャズ喫茶仲間の、門前仲町「タカノ」の高野さん、代々木「ナル」の成田さん、吉祥寺「ファンキー」の伊織ちゃん、同じく「メグ」の寺島さん、高田馬場「イントロ」の茂《も》串《くし》君……などが乱入して、途中から一体誰のパーティーか判別不能となってしまったところがよかった。早大「ハイソサエティー・オーケストラ」の同僚や、一関一高時代の同級生、「ベイシー」の従業員の女の子なども入り混じっていた。

実は、この時ぼくは一関一高時代の音楽の教師、古藤孝子先生をお呼びしていたので、このパーティーの真の要であった野口久光先生と遂にご対面させることに成功した。このご両人、共に現「芸大」出身で、いつかは会わせたいと長いあいだ思っていたのだ。

そして、ぼくらが敬愛する野口久光先生の、これが公式の最後のパーティーとなってしまった。翌一九九四年六月一三日の夕刻、野口先生没。享年八四歳であった。古藤先生も今は亡い。

あの時のパーティーは、だからぼくの「出版パーティー」とは名ばかり、野口先生を中心に、あとは良き悪友が集ったとても有意義な出来事であったのだ。

その単行本は一九九五年に「四刷」を最後に絶版となり、しばらく経った二〇〇一年に、やはり同じタイトルで講談社から〝文庫本〟として再び出版され、これがけっこう版を重ねたのち姿を消した。

無くなると欲しがるのが人情。二〇〇七年に新風舎がこれを「サウンド・オブ・ジャズ！」とタイトルを変えた〝文庫本〟で再三出版してくれ、完売したところで同社も消滅した。

——以上、これで終わりかと思っていた。


その間にも『ステレオサウンド』誌には、タイトルを「聴く鏡」として連載を続けていたのであるが、一九九四年から二〇〇六年までの分をまとめて二〇〇六年春にぶ厚いハードカバーの単行本『聴く鏡』としてステレオサウンド社が出版してくれた。

長期にわたり連載の一部始終を担当してきた、現『ステレオサウンド』編集長の小野寺弘滋君のこれは「こだわり」の作品と言っていいと思う。ぼく自身は、もうあまりこだわらない季節に入っていた。

ところが、である。この『聴く鏡』が出版された年の秋に、ある事件が起きた。

本家本元のアメリカＪＢＬ社が同年「創立六〇周年」を迎え、持てるスピーカー創りのノウハウの全てを注ぎ込んだ、同社の最高峰フラグシップ・モデル「ＤＤ６６０００・エベレスト」という素晴らしいスピーカーを発表してきた。

その日本での発表会は九月八日に東京・帝国ホテルで行なわれたのだが、翌日の九日に、アメリカからやって来たJBL本社の首脳陣全員が「ベイシー」に来ると言ってきたのだ。これは、日本側の社長の安田耕太郎さんが仕組んでくれたものである。

社長のポール・ベンテ氏、〝ミスター・JBL〟と呼ばれるチーフ・エンジニアのグレッグ・ティンバース氏、デザイナーのダン・アッシュクラフト氏、そのほか総勢一一名をぼくは迎え撃った。

一九七〇年以来、もう「時」が大分経過していた。ぼくの酷使してきたJBLのキカイもぼく自身の躯も既に「中古生活」をモットーとしていた。

しかし、意外なことに当夜の「ベイシー」のサウンドは彼等に大変ウケたようだった。特に社長のポール・ベンテ氏の狂喜乱舞ぶりは凄くて、すっかり友達になってしまった。あきらめる気は毛頭なかったが、あきらめないで良かったとこの時ばかりは思った。

ポール（と呼び捨てにするが）は翌年、今度は安田さんと二人でやって来た。

「俺が二度来たんだから、お前もわが社に来い」

とポールは言った。

二〇〇七年の秋、それは実行され、ぼくは遂にあこがれのJBLアメリカ本社に「ご招待」され、手厚い歓迎を受けたのであります。

「事実は小説よりも奇なり」と申しますが、こんなことは滅多にあるもんではない。

この事件をもって、ぼくはいつまで経っても未完成なオーディオとのあれこれに一応の決着をつけたかと思ったら、甘い。

ああ、それなのに、である。

二〇〇九年の去年一年間、ぼくは正月早々から丸一年を「音」の機嫌を取るために棒にふった。誰が悪いのでもない、自分の性がいけないのだ。自業自得だ。

第一、ぼくは完成を目指していない。完成すると退屈すると判っているからだ。では何をやっておるのか⁉

「修行しておるのだ」と答えたい。

そんなところへ、忘れかけていた最初の一冊が駒草出版からシブトクまた出ることになった。本のタイトルは、連載時の「ぼくとジムランの酒とバラの日々」に戻すという。

一七年から二二年ほど前の、当時の自分を知るために、本文には一切の訂正、加筆等はしないことにした。恥は恥としてそのまま残すのが良いだろう。

読み手の世代は、もう既に何回転も変わっている。願わくば若い人に読んで貰いたい。これを書いた時、実はぼくもけっこう若かったからであります。

もう終わったと思っていたものを発掘して立派な本にしてまた世に出して頂いた駒草出版、並びに並々ならぬ意欲でぼくをドッ突いてくれた担当編集者の芳賀真由子さん、その他スタッフの方々に雑ながら心から感謝いたします。

それから、尚も連載続行中の『ステレオサウンド』会長の原田勲さん、社長の原田知幸さん、編集長の小野寺弘滋君に感謝。

励みを与えてくれ、先に天国にいったあの人たちも、向こうで楽しく音楽を聴いたりやったりしていると思ってます。

ベイシー　菅原正二

二〇一〇年三月

あとがき

なにぶん刻が経ってしまった。

「二〇二〇年は無かったことにしよう」と坂田明と二人で話し合った。

ということは『ベイシー50周年』も無かったことになる。けじめのつかない幻の50周年というのもいいかも知れない。

とにもかくにもはっきり言える事は、その間、当店のJBLのスピーカー・ユニット群は全て完全無故障で、その怖るべき耐久性を立証した。

と同時に、LPレコードというものも、人一人の寿命より遥かに長寿である事も、併せて実験、証明する事にも成功した。

それで善しとしよう。

二〇二〇年八月
――酒もバラもない季節に

ジャズ喫茶ベイシー　菅原正二

解説

高橋克彦

この本に私は快感を覚える。

しかも相当に大きな快感だ。

菅原さんとは十年来の友人だからこの本は刊行時に頂戴して読んでいる。面白かった。その感想を菅原さんは覚えていてくれて解説に指名してくださったのだろうけれど、ただ面白かったで解説は済まない。また書架から引っ張り出して読んだ。さらに面白い。この数年の間に私も菅原さんの影響でオーディオ装置を新しいものに代えたり、そっち方面の専門誌を熟読するようになった。それで理解できる部分がだいぶ増え、以前に頭に描くことすらできなかった景色が見えたりする面白さが加わった、とも言えるが、この世界、そんなに甘いものでもない。ますます理解を越える部分がその何倍も増えている。ぼんやりとしか分からなかったものが、勉強してみて、はっきり「分からない」と確信できたと書けばいいのか……だけど、これって結構人生の神髄なのですよ。

幼稚園の子供にはもちろんアインシュタインの理論は分からない。しかし、大学で物理学を学んでいるものにだって理屈は分かりながらもイメージを的確に描くことができない。分からない、ということでは一緒だ。私はまだまだ初心者で、大学生の比喩もおこがましいが、菅原さんの立っている場所と私の間には二万光年もの隔たりがある、と今度で感じた。以前は、隣り合っていたり、重なっていても、あくまで別の世界であるところの、いわゆるパラレルワールドと見做していたのだが、それに較べればだいぶ違う。一応はおなじ宇宙にいる。ただ……その隔たりは二万光年。

と書けば、なんだか面倒臭そうな本、と投げ出したくなる読者もいるだろうが、とんでもない。この本の快感はまさにその、わけの分からなさが与えてくれるものだ。表面的な理屈はいたって簡単なのである。ジャズという分野の好き嫌いはともかく、レコードをプレイヤーに乗せて、アンプを調整し、スピーカーで鳴らすだけの話だ。菅原さんはそれだけに終始している。その悪戦苦闘をこちらは見守っているだけでいい。別に複雑な計算式をこちらに要求してもいない。またまたたとえとなるけれど、野球のメジャーリーグの中継を見ているようなものだ。ルールは知っている。けれど私たちは選手たちのように打ったり捕球したりはできない。華麗な技に溜め息をつき、わけの分からない専門的な解説に快感を覚える。

「これがブルドッグという守りの形ですよ。日本の野球ではほとんど見掛けないシフトですけどね。こういうときにナックルは禁物です。確実に打たせる必要がある」とまあ、こんな解説を耳にすると、なんだか凄いことをしているのかも知れん、と興奮が増大する。打たせてアウトにするだけの話だろーが、と思う人は、そもそも野球を見なくていいし、文学も理解できない人だろう。自分とは遥かに次元の違うところでなにかをしている人のプレーには芸術があり文学がある。そして見守る側には快感がある。

ジャズの歴史も、カウント・ベイシーやリー・モーガン、そしてアート・ブレイキーの名前さえ知らなくても関係ない。オルトフォンやハークネスがなにを示しているのかさっぱりでも構わない。バットやグローブのメーカー名を知らなくても、あるいはディマジオやベーブ・ルースの名が初耳でも試合観戦を楽しめるのとまったくおなじである。しかし、言うまでもないことだが、それは菅原さんの奮戦がメジャーリーグと同等の高いレベルにあるからだ。下手くそな草野球の試合など身内でも出ていなければ見ていられない。

今度も涙が出るほどおかしく、姿を想像して笑わせて貰ったが、巨大スピーカーの組み立て中に菅原さんが途方に暮れてその箱の中に入り、箱の穴から半日も店内を眺める場面がある。笑いのあと感動に襲われる。狭い穴から覗く菅原さんの目には音の流れや広がりが見えているのだろう。どの壁に高音が反響して戻るかまでちゃんとだ。その流れを今度は想定する客の頭が遮る。音はベストポジションだけで満足すべきなのか。シャイな客が遠慮して壁際に陣取った場合にはジャズ喫茶ベイシーとして責任ある聴かせ方ができるのか。あらゆる難題と菅原さんはスピーカーそのものになりきって考えている。この奥深さはただごとではない。なにか一つのものと向き合って半日も対峙するなど私の人生であっただろうか。そういう感動と快感にこの本は満ち満ちている。

また表現力にも圧倒される。

本当はその文章の抜き書きだけで立派に解説の用を果たせるはずだ。

——ぼくは上京の折、岩崎さんの店を訪ねた。ほとんど、ハークネスといっていいスピーカーシステムであったが、中・高音のエネルギーが火を吹いていた。

バディ・リッチの『マーシー・マーシー・マーシー』で、ブラスのアンサンブルとリッチのリム・ショットが重なった時、ぼくは顔面に生玉子を思い切りぶつけられたような強烈なパンチを喰《く》らった。ぼくは「ヒューッ」とうなったが、うるさいのを通り越して快感の域に達していた。脳ミソがクラクラして気持ちがいいのだ——

——最初っから「ドカン！」とくるものをかけるほどぼくは神経が太くない。ルーレット・レーベルの『ヴィレッジ・ゲイトのクリス・コナー』をさりげなくかけてみた。さりげないつもりが、出てきた音はそれどころではなかった!!

ザワザワと人の気配がそこらじゅうに広がり、ステージが見渡せるような状況の中でクリス・コナーが歌い出した。

冗談ではない。(中略）マンガでいうと、ぼくのコメカミのあたりにタラリと汗がひとしずくたれた。

今まで眠っていたコーン紙のすべての部分が丁寧に揉みほぐされているような、それは鳴りっぷりであった。低音は何処までもしなやかに伸び、高音とて、トゥイーターもないのに天井知らず、といった感じの伸び上がり方であった。四方にガクブチがないといったらいいか

——

バディ・リッチやクリス・コナーが何者であるか知らなくとも火を吹くような炸裂音やライブのホットな雰囲気が伝わってくる。ばかりかそれを再現するスピーカーの凄さも生々しく感じられるではないか。知り尽くしたプロにだけやれる描写で、しかも恐らく菅原さんが感じたままに突き刺さってくる。小説家は「ヒューッ」とは唸れないし、コーン紙が丁寧に揉みほぐされている場面までは想像もできない。無数の表現を菅原さんはこの本の中で発明している。読んでいる間中、さまざまな音が絶えず聞こえてくるのは菅原さんの腕によるものだ。快感はそこからも生じている。

ジャズとオーディオの世界は菅原さんのような人を得て幸せだ。文学の世界にこれほど愛と情熱を持って魅力を伝えようとしてくれる人は滅多にいない。

〈二〇〇一年講談社＋α文庫版解説〉

解説

坂田明

こんな文章を書くジャズ喫茶のマスターが岩手県の一関市にて、日々さりげなく、また油断なく客を待ち構えていることがこの本によって判明した。

だから、我々の側も油断は禁物だ！

この厳粛にして深遠なる事実は、驚天動地、温故知新、阿鼻叫喚、二足歩行などという生易しいものではない。

彼は達谷窟《たっこくのいわや》で坂上田村麻呂に屈したアテルイら東北蝦夷《えみし》の伏流水であり、その底力の化身である。

東北の地を版図に組み入れた我らの遠い祖先がうっかり油断してしまったツケが回ってきているこ とに、当の蝦夷《えぞ》地に住むものも含めて、大多数の人々は気付いていないことこそ残念なり！

菅原正二なる人物の正体は化身であるから最終的に彼の中に正体はない。

正体はあなたの中に幻影として見えます。

彼の存在は、蝦夷に起源するゲノムとミームの凄さが千二百年もの間蓄積し、本人が今日の環境世界から集積することになったエネルギーとが合流してあれこれしたために、幸い我らに見えた幻想世界の一角に過ぎないのである。

彼は自分をオーディオマニアと称し、ジャズ喫茶のマスターと称しているので、その件に関しては、

「そうですか、なるほど！」

と納得する今日この頃である。

彼には子どもの頃から、蝦夷の末裔《まつえい》であることの自覚症状はなく、蓄音機でフルトヴェングラーやメンゲルベルク、ブルーノ・ワルターを聴いていたかと思うと、狩猟の血にかきたてられて野山や街中で鉄砲をぶっ放し、一関警察署のマークを受けたが、そんなことは屁とも思わず、なおも陸前高田から気仙沼湾岸線一帯、北上川流域において魚を釣りまくり、狩猟民としての本性をむき出しにして（本人はそうはいっていない）成長し、高校生の時には本流の北上川を筏《いかだ》にて下り、嵐の中を一気に石巻に出て太平洋を越えて米国本土に潜入しよう（本人はそこまで考えていなかった）などと、無鉄砲ともいえる青年へと変身を遂げていたらしい。

ま、そんなことはどうでもよいことで、この本の文章の凄さとは何かということに触れたい。

「さわるぞ！　いいな⁉」

「……」

二〇〇六年も終わりかけた師走の忙しい最中、

「サカタ、前回は高橋克彦さんが解説を書いてくれたんだけど　ペンケパンケ、今回キミに頼みたいのじゃがにぃ　ヘイ　ヘイ　ハチマンタイ　ハコペ⁉」

と本人から打診されてしまった。ついでに、

「帯はタモリで行くんじゃがにぃ　イラケシオキライ！　締め切りは一月十日なのよ　ケセンポンポコ！」

「わ！　まずいのココロモチ！」

おれはうっかり油断しておった。この手の口説きで何度も失敗しておるのにテレコチ。

「うーん！　しかたないなあ、正月に書くか」などと、たわけたことをほざいてしまった。バカタレが。

「な！　パパッと、トッパトミやっつけてイヤイライケレのケレだ！」

もうなんだか分からない。

敵は野口久光さんをズルズルの関係に持ち込み、カウント・ベイシーから〝スウィフティー〟というあだ名を貰い、彼ともズルズルの関係に持ち込むことに成功。そこら中の老若男女（全部、だとは本人はいっていない）をひきつける策士だ。

まあ、こっちはハナから負けている。

菅原正二という男は、早稲田のハイソ（早稲田ハイツではありません）のバンマス兼ドラマーであっただけでなく、れっきとしたドラマーでありました。いまは隠れドラマーですな。また優れたカメラマンでもありますし、いろいろやるのです。

で、彼は東京から馬を駆って一挙に一関へもどり、ベイシーに立てこもった。そこで地の利を最大限利用できる作戦に打って出た。

達谷窟に立てこもった蝦夷の首領アテルイは坂上田村麻呂ごときに捕まるようなヤツではなかった。蝦夷一騎に対し朝廷群100騎といわれたほどだ。

その末裔が(本人はそうはいっていない)まさにその地において、自らの都合によって作り上げたJBLのオーディオで世界中から訪れる膨大な人間を迎え撃つ作戦に出た！

「そうだろ？　おい！」

「……」

そしてついに二〇〇六年秋、JBL社長以下ご一行が、かの〝ジャズ喫茶「ベイシー」〟の匂いをかぎつけて米国から訪問して来るにいたった。

笑いが止まらないとはこのことだが、それは結果であって、ご本人は天災一遇の大勝負であったのだ！

「な！」

「……」

ご一行様は、ベイシーで鳴り渡るJBLジム・ランシングの音に、欣喜雀躍《きんきじゃくやく》、狂喜乱舞、二足歩行して、やっぱり幌馬車はやめにして飛行機でアメリカへ帰ったそうだ。

さて、菅原正二の作戦はここにいたり、ついに自分でも気付かなかった戦略の成果をみる。

つまりご本家が来てしまうという快挙!!

狂喜乱舞の果てに兄弟の契りまで結んで開いてしまったそうだ。

なんたるサンタルチア。

おれは出会いの最初から、この作戦が、

「誰でもが出来る作戦ではない！」

そのことに、はっきりと感づいていた。

本書の中に書いてあることは、菅原正二が生きてきた証である。どうやって生きてきたかが書いてある。レコードとオーディオのことを書いているようであるが、それのみにとどまっていないことは読んでみれば明白である。

たとえば、

「長兄は山頂を目前にして下山するタイプだし、ぼくは遭難するタイプだ」

と本人もゲロしているがごとく、
オーディオやジャズのことを知らない人が読んでも楽しめるし、そこから生まれる格言、名言の数々には頭が下がる。それしか手もなければ足もない。

おれと比べれば「月とスッポンポン」である！

恥ずかしい！

パンツがあったらはきたい！

彼は理屈で動く男ではなく、ひらめいたことをとことんやってみて、その挙げ句でもあきらめないのだ。

決して投げ出さない！

突っ込む！

そこへあちらの方から〝お告げ〟がやって来るのである。

「あーなあ！　おい！　ほら、そこをちょっとな！」

「……」

「なにしてみろよ！」

「わ！　なんじゃこれは⁉」

ま、おおむね、こんな具合だろう。

〝お告げ〟は向こうから勝手に降りてくるのである。頼んでいるわけではない。

どこから来るかって⁉

うん、まあそのあたりのことが知りたければ『熊野大権現のお告げ』第五巻第三章「ジャズ喫茶ベイシーの場合」（三陸町・蝦夷書院刊）に詳しく載っているので、参考のために紹介しておく。

一人の人間がここまで格闘すると、ある日、自分の存在が精霊のお告げによって支配されていることに気付くのであるが、誰でも気付くわけではない。

生物が遺伝子の回し者として動かされていることにも気付きそうなものであるが、これまた、なかなか気付かない。

実はこの宇宙のあらゆる存在は幻想によって築き上げられているのである。だけどそうは思わない。

思いたくない。

たかだか、思う、思わない、の違いに過ぎないのに！

おまけに、それもまた幻想であるのに、だ！

知識があることと、実感して分かることの間には一五〇億光年の距離がある。

まったくややこしい！

菅原正二は自力でそこに到達してしまった。

西洋文明の産物であるレコードとそれを再生するオーディオ装置を、彼の中にある東洋だの日本人だの蝦夷地だのポコチンだのあらゆるものを混ぜてかき回し、それをあれこれした。

その結果到達したところは、人間が行う表現行為は、

「自分がやった痕跡を消し去る世界」に行き着かざるをえないことになった。

凄い！

レコードの中に刻まれた音、音楽がレコード・プレーヤーとアンプとスピーカーによって、人間の想像できる世界以上に鳴る時、果たしてそのように仕組んだ人間の存在とは!?

それは最早、自分が〝お告げ〟とともにあることに気付いた人間であるから、ただの人間とはいいがたい。

おれになど、もうなんだかわからない！

「ごめんなさい！」だ。

「色即是空」「空即是色」すら、人間の考えた幻想であることに気付くことも、うまくいけばできるらしい。

世界中のあらゆる生き物はそれぞれの持つ幻想世界を手がかりにしてしか生きていけない。

おれがサックスを鳴らしている時に、降りてきた精霊のお告げによって音楽が紡がれていく。

その瞬間、自分は精霊の回し者であり、精霊とともにいて、音の宇宙と一体になっている。

しかし、精霊は降りてくる依《よ》り代《しろ》がなければ降りてこない！

菅原正二には依り代があるのだ。

人間一人一人がもつ都合は少しずつ違うものであり、自分の都合の延長上にしか世界は広がっていない。

これが菅原正二の作戦である。

しかも、我々は集団でしか生きられないから、それぞれの個人的世界の中には大多数の人間と共有できる世界がある。

だから、ジャズ喫茶「ベイシー」のマスター菅原正二の作戦が成立しているのである。

忘れがちなのは、共有できない世界も厳然としてあることを認めることである。

だが、客観的な世界はどこにも存在しない。

グローバル・スタンダード⁉

最低のでっち上げである！

勘弁してもらいたい。

そんな世界はファシズムであり、オーディオにも音楽にもあって欲しくない世界である。

菅原正二の世界は、音に向き合った人生の中で七転八倒するうちに、いつの間にやら我執が消え、そこに湧き出た音の万華鏡的世界（宇宙）のアスペクトであり、うたかたである。

そしてどうもこれは菅原正二の人生と一体化している。

唯一無二だ！

人間の作り出す世界から我執を消すことはできるかもしれないが、本人の中から我執が消える、ということにはならない。

しかし、解説にはならなかったけど、またこの本読んで面白かった！

「まいった、降参！」

二〇〇七年一月（二〇二〇年四月改訂）

さかた・あきら（サックス奏者）
〈二〇〇七年新風舎文庫版解説〉

そこに居た人の音

尾崎世界観

2017年9月16日、岩手県一関にある、ジャズ喫茶ベイシーに行った。その日の帰り際、マスターの菅原さんから、店の隅に置かれていた〈ぼくとジムランの酒とバラの日々〉を頂いた。この本は、とても良い匂いがする。この場合の「良い匂い」というのは、デパートの1階、化粧品売り場のアレなんかとは違う。アレはアレで好きだけれど。

古くなって焼けた紙に染み付いたタバコや葉巻、コーヒーやウィスキー、ビールによるもの。匂いというよりは、臭いに近いのかもしれない。吸い込むと鼻の奥で暴れる、ギザギザしたひっかかり。ページを開くたびに、それを思い出して良い気分になる。匂いは気分で、気分は臭いだ。だから、ニオイは気分一つで忙しい。タバコの臭いが嫌いでも、好きな人が好きなタバコの臭いであれば、それを好きになってしまう。

9月16日の匂い。あの日、マスターの菅原さんを一発で大好きになってしまった。こんな恥ずかしい言葉でもまだ足りないくらいに。ジャズも知らずにノコノコやって来たお調子者を、サッと包んでくれた楽しい夜だった。

一番良い音が聴こえるからと案内された席に腰を下ろした時にはもうすっかり酔いがまわっていて、スピーカーからの爆音で空気がビリビリ震えているのに、自分の視界だってグラグラ

で、ただただ楽しかった。（もっとちゃんと聴いておけば、と後から後悔した）

なぜ楽しかったか、なぜ嬉しかったか、なぜ好きになったか、これらはうまく説明が出来ないから、思い返しても書けずにいる。ニオイが気分なら、感情は音だ。この本にも書いてあるけれど、音は残らずに消えてしまう。ただなんか良い、って空気だけを残して、理由と一緒になって。自分にとって、あの日は音楽そのものだった。理由よりも強く、ただ音だけが残った。それはベイシーで聴いた音楽ではなく、そこに居た人の音だ。（もちろん流れている音楽も素晴らしかった）

掴むことも、撫でたり、抱きしめたりすることも出来ない。そんな音に向き合っては、何度も見つけ、何度もなくしてきた菅原さんの記録を読むと、音楽を職業に選んだ事について改めて考えさせられる。でも、なぜ続けてこれたかという理由だってそこにあるのかもしれない。音というものは本当に厄介で、長い間一緒に演奏をしているバンドメンバーとですら、完璧に共有するのは困難だ。だからここがさ、それとこれがさ、そうやって言葉にした時にはもう遅い。音は言葉よりも速いからだ。そして、言葉にすればする程に難しくなる。だからこそ、言葉にして追いかけたくもなる。それでも、決して捕まえてしまわないように。だって、音を言葉に出来てしまったら、そこで終わってしまうから。それでも、菅原さんはひたすら音に向き合っている。読んでいて気が遠くなるけれど、気がついた時には、そこから言葉が聴こえてくる。

２０１７年９月16日。あの日は本当に楽しかった。そう思いながら本を閉じたら、紙に染み付いた匂いが嬉しそうに鳴った。

二〇一七年一〇月（二〇二〇年八月改訂）

おざき・せかいかん（ミュージシャン）

〈二〇一七年「新1分書評」〉

［初出一覧］

「ステレオサウンド」1988年夏号〜1992年冬号

54　音の出る家具（『室内』二〇〇三年七月）

55　カウント・ベイシーの笑顔〜アルバム『ベイシー・イズ・バック』制作記（『Jazz Today』）

そこに居た人の音（『文春オンライン』二〇一七年一〇月）

ジャズ喫茶「ベイシー」の選択——ぼくとジムランの酒とバラの日々

一九九三年四月、講談社より刊行

二〇〇一年六月、講談社＋α文庫として刊行

二〇〇七年三月、新風舎文庫「サウンド・オブ・ジャズ」と改題して刊行

二〇一〇年三月、駒草出版より「ぼくとジムランの酒とバラの日々」と改題して刊行

菅原正二（すがわら・しょうじ）

一九四二年岩手県生まれ。早稲田大学在学中、「ハイソサエティー・オーケストラ」でバンドマスター、ドラマーとして活躍。ＴＢＳラジオ主催の「全国大学対抗バンド合戦」で3年連続全国優勝。一九六七年にはビッグバンドとして日本初の米国ツアーを敢行した。「チャーリー石黒と東京パンチョス」のドラマーを務めたのち、一九七〇年、郷里の一関に戻り、ジャズ喫茶「ベイシー」を開店、ジャズ・オーディオに独自のスタイルを確立し、同店には幾多のジャズ・ジャイアンツやさまざまなジャンルの人物が世界中から集う。ニックネーム“Swifty”は、親交の深かった故カウント・ベイシーに命名されたものである。

二〇二〇年二月に日本精機宝石工業株式会社（ＪＩＣＯ）」より菅原正二監修のレコード針「SHURE: VN35MRB（BASIE MODEL）」が500台限定で発売された。五月には『ジャズ喫茶 ベイシー読本』（ステレオサウンド社）が発売、九月にはドキュメンタリー「ジャズ喫茶ベイシー Swiftyの譚詩（Ballad）」が公開された。著書に『ジャズ喫茶「ベイシー」の選択〜ぼくとジムランの酒とバラの日々』（講談社）、『聴く鏡』『聴く鏡Ⅱ』（ステレオサウンド社）があるほか、新聞、雑誌などへの寄稿多数。

菅原正二関連アルバム

1977 『High Way/High Society Orchestra』ハイ・ソサエティー・オーケストラ（フィリップス）
1997 『暗い日曜日』阿部薫（徳間ジャパン）
2005 『Basie is Back』カウント・ベイシー・オーケストラ（Eighty-Eight's）
2006 『Live at“BASIE”with Hank Jones』ケイコ・リー（ソニーレコーズインターナショナル）
2007 『LIVE at BASIE』アニタ・オデイ（ラッツパック・レコード）
2007 『Basie's at Night』渡辺貞夫（ビクターエンタテインメント）
2009 『Jam at BASIE featuring Hank Jones』（Swifty88）
2015 菅原正二 監修『カウント・ベイシー・ルーレット・コレクション』（ワーナー・ミュージック）

［新版］ぼくとジムランの酒とバラの日々

二〇二〇年　九月二三日　初版発行

著　者　菅原正二

発行者　井上弘治

発行所　**駒草出版**　株式会社ダンク 出版事業部
〒一一〇－〇〇一六
東京都台東区台東一－七－一 邦洋秋葉原ビル二階
ＴＥＬ　〇三（三八三四）九〇八七
ＦＡＸ　〇三（三八三四）四五〇八
https://www.komakusa-pub.jp/

協　力　株式会社ステレオサウンド

印刷・製本　シナノ印刷株式会社

ブックデザイン　松田　剛（東京一〇〇ミリバールスタジオ）

落丁・乱丁本はお取り替えいたします。
定価はカバーに表示してあります。

ISBN978-4-909646-33-0 C0073